Reinhold Schneider, geboren am 13. Mai 1903 in Baden-Baden, ist am 6. April 1958 in Freiburg im Breisgau gestorben.

»Liebes altes Haus, keinen Protest, es ist ganz in der Ordnung, daß du abgerissen wirst.«

Während seines Aufenthaltes im winterlichen Baden-Baden – seiner Heimatstadt – erlebt Reinhold Schneider den Abriß des Hauses seiner Kindheit. Erinnerungen steigen in ihm auf – ihm erscheinen in den alten Räumen und auf dem Balkon die Gestalten der Gäste und Bewohner, berühmte wie längst vergessene: Kaiser Wilhelm I. und Bismarck, Roon und Johann von Sachsen; die Eltern des Dichters, Verwandte und Dienstboten. Schneiders Erinnerungen verweben sich mit der Geschichte der traditionsreichen europäischen Bäderstadt und ihrer Besucher und Einwohner – von Lasalle bis Lorca, Hebbel, Strindberg und der Dame mit dem Hündchen. – Ein Spaziergang durch Baden-Baden und seine Geschichte.

insel taschenbuch 2605
Reinhold Schneider
Der Balkon

Reinhold Schneider
Der Balkon

Aufzeichnungen eines Müßiggängers
in Baden-Baden

Mit einem Nachwort
von Pirmin A. Meier

Insel Verlag

insel taschenbuch 2605
Erste Auflage 2000
Insel Verlag Frankfurt am Main und Leipzig
© Insel-Verlag Wiesbaden 1957
Hinweise zu dieser Ausgabe am Schluß des Bandes
Vertrieb durch den Suhrkamp Taschenbuch Verlag
Umschlag nach Entwürfen von Willy Fleckhaus
Druck: Nomos Verlagsgesellschaft Baden-Baden
Printed in Germany

1 2 3 4 5 6 – 05 04 03 02 01 00

Es gibt nun bald kein Tiefstes mehr,
Das jeder nicht erreichte,
Und in der Welt ist nichts mehr schwer
Als eines nur: das Leichte.
GRILLPARZER

Die werkh zaigen ann,
das die Arbeit uss ist.
PARACELSUS

Anfang des Jahres 1957 wurde das Hotel Messmer
in Baden-Baden abgerissen

Das verurteilte Haus

An eine stumpfe Ecke in der Breite von drei Fenstern und in der Höhe von vier Stockwerken schließen sich nach Westen und Osten, gegen den Kurgarten und das Theater, ebenso hohe lange Trakte; der östliche, gegen die Rückseite des einstigen Hoftheaters gewendete, stößt auf einen fast selbständigen Anbau der ausgehenden neunziger Jahre, der auf den hohen Fensterbogen des Speisesaales ruht. Der westliche, gegen die Seitenfront des Kurhauses gerichtete, ist durch eine zweigeschossige Halle mit einem Neubau in einigermaßen fatalen Formen des Jugendstils verbunden; mein Vater hat ihn vor dem Ersten Weltkrieg in zeitgemäßem Optimismus an ungeeigneter Stelle errichten lassen. (Ein Teil der Zimmer war düster und feucht, die Eleganz war fragwürdig, und eine schwer zu bezeichnende Freudlosigkeit durchschauerte die Räume und Gänge; sie fiel mir, während ich heranwuchs, mehr und mehr aufs Herz.) Die beiden äußeren Teile, der Saalbau und der in Privatwohnungen aufgeteilte Neubau, sollen stehen bleiben; alles übrige, der Kern, Wohnung unzählbarer ferner Gestalten, und sogar, mit geziemender Bescheidenheit vor den Großen der Gegenwart gesprochen, einstmals geschichtlicher Ort, nun aber Eigentum der Stadt, soll fallen. Das Haus ist zwar von Arbeitslärm erfüllt, in Wahrheit aber ganz allein. Gas, Strom, Wasser sind abgestellt; es ist aus der Gemeinschaft geschieden. Wir haben Januar, und bis Frühjahr hofft man fertig zu sein und den erwarteten Frühlingsfahrern und Kurgästen einen freundlichen Anblick bieten zu können – statt des zur Melancholie anregenden der letzten Jahre –, nämlich eine verbreiterte Straße, einen Parkplatz oder eine aufsprießende ›Grünfläche‹, denn von einer Wiese kann keine Rede sein: die Leere also, die allenthalben ein unabweisbares Erfordernis geworden ist und mehr Recht hat als ein übermüdetes, so lange in sträflicher Weise vernachlässigtes Haus. Nur Reminiszenzen hausen darin, die freilich keine ganz alltäglichen Reminiszenzen sind.

Keine Anklage! Lieber ein Mea culpa, in persönlichem und in weiterem Sinne. Denn etwas habe ich doch mit der bevorstehenden Passion des Hauses und der Schande seiner öffentlichen Sektion oder Verwesung zu tun. Auch ist das Bedürfnis nach Leere, in der wir unsere maschinellen Fuhrwerke aufstellen und unsere Erinnerungen los werden können, ein Kriterium der Ära. In Dänemark ist ein Streit ausgebrochen um das überaus bescheidene saubere Häuschen in Tistedt, wo Jens Peter Jacobsen geboren wurde: es hat ein einziges Dachfenster, begehrt nicht viel Platz und kokettiert nicht so emsig mit der Melancholie wie der arme Herman Bang, der seinen Zuhörerinnen Tränen zu entlokken pflegte, um sie zu verspotten. Es ist genau das Haus, durch das ein Dichter so unauffällig wie möglich die Welt betreten kann. Also auch in Dänemark gibt es Maßgebende, die eingesehen haben, daß ein Parkplatz wichtiger ist als ein kleines Denkmal der Dankbarkeit, der Pietät. Vielleicht haben sie recht. Auch das Haus in London, auf Devonshire Terrace, wo Dickens den ›David Copperfield‹ schrieb, kann sich, wenn man der guten Berlingske Tidende glauben darf – und wie sollte man das nicht? –, nicht mehr viel Hoffnung auf seine Fortexistenz im Atomzeitalter machen. Ich kenne weder die Verkehrsprobleme Tistedts noch Londons – alle Verleger, aber wenige Autoren haben Wagen – und zeichne nur mit Mühe, und in dem ernsten Bestreben, jeglichen Urteils mich zu enthalten, einige wenige aufgeschnappte Züge unseres verdächtigen Brückenübergangs oder Zeitalters auf.

Hier geht es also nur um Beobachtungen und Reflexionen eines ein wenig invaliden Müßiggängers, der sich ein Vergnügen daraus macht, sich vom ›literarischen Leben‹ und den ›Literatoren Deutschlands‹ mit geziemender Höflichkeit zu verabschieden – auf dem Wege zur Existenz: vox et praeterea nihil. Im übrigen gebe ich die Hoffnung nicht auf, daß die wenigen, die noch mit Jens Peter Jacobsen um Mitternacht vor der Entfaltung, Strahlung und Erschöpfung einer Kakteenblüte erschauern oder sich neigen vor dem unheimlichen Zug der Kreuzträger über Bergamo oder die Stimmungen und Schwingungen dänischer Interieurs zu empfinden vermögen und solche Empfindungen sogar als einen ernsthaften Lebensinhalt betrachten, nicht so bald aussterben werden. Denn solche Kostbarkeiten ruhen in der Sprache, wie das veruntreute Gold im Rhein. Und solange uns die Sprachen erquicken – die treuherzige, sensible, behaglich-umständliche, geschmeidige, den Sprecher ironisierende dänische Sprache –, können wir nicht absterben, auch dann nicht, wenn der Rhein, wie nicht zu verhindern, gänzlich zur industriellen Vorrichtung geworden ist, also zur vollkommenen Leere, um die höchstens noch, zwischen Bingen und Koblenz, im Interesse der Winzergenossenschaften, die ›Loreley‹ erklingt. –

> Der Maurer schreitet frisch heraus,
> Er soll dich niederbrechen,
> Da ist es mir, du altes Haus,
> Als hörte ich dich sprechen.

Und:

> Nun schweigt es still, das alte Haus,
> Mir aber ists, als schritten
> Die toten Väter all heraus,
> Um für ihr Haus zu bitten…

Ich weiß nicht, warum gerade diese Verse Hebbels, aus dem vom Großherzoglichen Ministerium besorgten Schullesebuch, mir im Gedächtnis hängen geblieben sind. Nun bewähren sie sich als Voranzeige. Die Fundamente aus rotem Sandstein sind samt der von ihnen getragenen Balustrade, die die Speiseterrasse umrahmte, zersprengt. Die Terrasse war um etwa einen Meter über die Straße erhöht, damit die

Speisenden, während die langen Frackschwänze der Kellner sie umflatterten, zuweilen aber auch auf sich warten ließen, den Blick auf den Kurgarten, die Allee und das Theaterchen genießen konnten, in das – unter Aufsicht des Kulissen-Meisters Ackermann, dessen Frau den Vorverkauf besorgte – vielversprechende Kulissen getragen wurden. (Die Kellner waren damals noch nicht ›Herren‹.) Zwischen den Steinsplittern und aufgehäuftem Schutt liegen die bunten Scherben der Fenster des Restaurants. Auch sie waren mit den eleganten Linien und pflanzlichen Ornamenten des Jugendstils dekoriert. Die Arbeiter stehen auf Leitern und schweißen das Gestänge durch, auf dem das einst mit Rasen bepflanzte Terrassendach ruhte. Es zischt und lärmt und sprüht; Funkengarben schießen in das Dämmer, das aus der aufgebrochenen Halle quillt; die Stangen lösen sich knirschend und stürzen ab.

Ich steige die Stufen zur Terrasse hinauf, unter dem gewölbten Glasdach, das so viel Ankunft und Abschied beschützt hat, und betrete die Eingangstreppe. Das sind nun wohl fünfunddreißig Jahr her, seit ich hier nicht mehr ging. Die altvertraute Tür weicht zurück. Hier, rechts, in dem kleinen Konversationszimmer, das früher durch einen Plüschvorhang abgeschlossen werden konnte, stehen auf einem Tisch die Bier- und Thermosflaschen, die Eßgeschirre der Arbeiter, und dahinter lehnen die Räder an der Wand; Mäntel, Rucksäcke und Mützen sind darauf abgelegt. Nadelstiche der Erinnerung! Hier hat einmal ein junger schwindsüchtiger Künstler seine Bildchen aufgehängt. Er konnte sie nach drei Tagen der Geduld alle wieder einsammeln, obwohl er nicht mehr als fünfzig oder hundert Mark für ein jedes Stück verlangt haben wird. Am Eckpfeiler heftete der Portier – ein Schweizer mit blondem Spitzbart, überhitztem Gesicht, blinkenden Schlüsseln auf den Rockumschlägen und im Benehmen gegen die Pagen ebenso ordinär wie poliert gegen die Gäste –, hier heftete Herr Pflüger im Jahre 1914 erst die Mitteilung aus Sarajewo an, und dann, im glorreichen August, die noch feuchten Extrablättchen: Kriegserklärungen, die das Selbstbewußtsein stärkten, Nachrichten von bestürzenden Siegen unter Höchstem Befehl, von Dum-Dum-Geschossen, von empörenden Mißhandlungen, denen die Schwestern vom Roten Kreuz ausgesetzt waren, von unglaublichen Spionageaffären. Aber das Interesse erkaltete bald. Schon im nächsten Jahre – wenn ich mich noch recht erinnere – fand Herr Pflüger keinen Anlaß mehr, sich weiterhin um die Stelle in Baden-Baden zu bewerben.

Der aufsichtführende Zimmermann kommt auf mich zu. Mit angemessener Bescheidenheit frage ich, ob ich das Haus noch einmal betreten darf. »Es gehörte meinen Eltern. Ich habe hier meine Kindheit verbracht. Hier unten auf dem Bänkchen in der Ecke der Terrasse saß jeden Abend mein Vater.« (Und ich sehe ihn, wie er den Zwicker zurechtsetzt, in der Weste aus steifem weißen Piqué, das Treiben im Kurgarten überblickend, das Kommen und Gehen seiner Gäste. Aber jetzt wird er in den Keller gerufen, weil eine besondere Flasche bestellt worden ist, und er zieht schon den gewichtigen Schlüsselbund, den er niemals in andere Hände gibt. »Für welche Nummer?« – »62.« – »Ach so. Den Bon!«) – »Ja«, sagt der Aufseher mit verhaltenem Unterton des Bedauerns, »das Messmer. Aus anderen Zeiten.« – »Ob ich wohl hindurchgehen darf? Ich möchte Abschied nehmen. Wissen Sie, ich habe Erinnerungen. Es ist ein bißchen eine traurige Sache.« – »Gehen Sie ruhig hindurch. Aber« – mit einem Blick auf meinen Stock – »seien Sie vorsichtig auf den Treppen. Im dritten, vierten Stock sind die Geländer nicht mehr fest. Es muß schnell gehen.« – Er grüßt und gibt mir die Hand: »Sie können wiederkommen, – wie Sie wollen.« Nun, das Haus war keineswegs elegant, nicht von erwähltem Geschmack wie seine gleichaltrigen Konkurrenten, der Russische, Englische, Europäische Hof oder ›Hôtel de la Cour de Bade‹ oder gar ›Stephanie-les-Bains‹. Es war ur-

Hotel Messmer

sprünglich einfach, kein Hotel, sondern Maison, eingerichtet für eine Zeit, da Vornehme einfach waren. Unter der Sonne unvermuteten Glücks breitete es sich aus, stockte es sich auf, was schon seine inneren und äußeren Proportionen ein wenig in Unordnung brachte. Gegen das Ende des Jahrhunderts befleißigte es sich eines gewissen Prunks, der ihm, seiner gediegenen Ehre, nicht recht anstand. Es wurde zur alten Dame im hellen Sommerhut, auf deren welker Haut übertriebene Ketten funkeln. Hier unten, die Halle, die nach dem zweiten Zusammenbruch zu nicht mehr ersichtlichen Zwecken durch Mauern aus rohen Backsteinen in Kammern aufgeteilt wurde, gefiel sich zu ›meiner‹ Zeit mit höchst unbequemen, steifen, hart gepolsterten Ecksofas und Stühlen. Sie sahen wie Laubsägearbeiten aus und waren in der Ornamentik des Jugendstils gehalten. Auf den Vorsprüngen und in den Einbuchtungen der die Plauderecken bildenden Staffagen standen Fächerpalmen; sie hatten ein

14

schweres Atmen, wurden zwar dann und wann auf Befehl meines Vaters von den grünbefrackten Boys, den ›Laubfröschen‹, in den Platschregen getragen, gaben aber meist vor der dritten Saison den Lebenskampf auf. Auch war es ein bißchen unbehaglich, diese gewichtige Zierde auf so leichter Stütze über sich zu wissen. Dahinter, im Lesezimmer, lagen in den guten Jahren die Zeitungen aller Welt. Aber der als Hausbibliothek bezeichnete Bücherschrank beschied sich mit einem vielbändigen Orbis pictus aus Großvaters Zeit. Aus den ungefügen, abgestoßenen Lederbänden holte ich meine ersten Anregungen. Wer zu lesen beginnt, tritt eine Einsamkeit an, die sich nicht mehr begrenzen läßt. Hier fand ich das Bild des geharnischten, lorbeergekrönten, einäugigen, leidgezeichneten Luis de Camões, der sozusagen zur Galionsfigur meiner fragwürdigen Lebensfahrt geworden ist: er lockte mich auf Meere, denen ich nicht standhielt, und führte mich in Geheimnisse, die mich nicht mehr loslassen werden. Freilich ist das nur gleichnisweise gesprochen: es kann sich nur um interne Schiffbrüche handeln, nicht vor Macao oder Hongkong, nicht um das über die Wogen gehaltene unsterbliche Gedicht: um einen Wink nur, für einen Augenblick, über die Wellen; um das Zeichen eine Einverständnisses mit denen, deren Chance der Schiffbruch ist. Das Meer ist übersät von Gescheiterten, die sich an Planken klammern und die Hand nicht mehr frei haben für das Große, für das Gedicht. Aber über uns hin fliegt eine Taube zum Fels, an dem das Ruder zerbrach. –

Der Versuch meines Vaters, mit der Romanreihe von S. Fischer und einigen, übrigens guten und mir noch deutlich erinnerlichen Novellensammlungen eine Hausbücherei zu unterhalten, scheiterte an der Lesefreudigkeit der Herrschaften und Angestellten, bis ich mich des Restes erbarmte und die zerlesenen Bände in meinem Schranke beherbergte. Langsam, unter empfindlichen Mühen und Opfern, schloß sich eine Reihe. Hier vereinigten sich den Abreisenden lästig gewordene Romane und Reiseführer mit einstweilen

Unlesbarem: etwa Walther Rathenaus ›Von kommenden Dingen‹. Ich nahm den Band an mich, konnte ihn aber nicht verstehen. Noch sehe ich den Autor, wie er ins Büro kam und dem Sekretär mit höflicher Kühle erklärte, daß er zu seinem Bedauern ausziehen müsse, weil sein Zimmer ungenügend geheizt werde. (Das war in der schlimmen Zeit nach dem ersten Kriege, da die Gäste schon am Tisch saßen, während der Herd noch nicht recht brannte, bis der Chef Stühle zerschlug, um anzuheizen. Doch das gehört schon zur Agonie des Hauses.)

Ein wenig freundlicher, aber doch mit demselben Ungeschick waren der ›Damensalon‹ und das Schreibzimmer ausgestattet: den Aufbau rotgepolsterter Sofas zierten chinesische Bronzen. Sie müssen einmal ein Gelegenheitskauf gewesen sein und hatten Jahr um Jahr Verluste in ihrer Gemeinde zu beklagen. Doch tauchten dann und wann die Vermißten, Drachen und Grabpferdchen, hinter den Fenstern eines Antiquars wieder auf. Hier rechts unten ging es zum Familienzimmer, Ort flüchtigen Zusammentreffens vor der Table d'hôte, und zu dem gegenüberliegenden Büro meines Vaters. Sinnloserweise hat sich eine Tür in den Gang gestellt. Ich mache keinen Versuch, sie zu öffnen. Am Fuß der Haupttreppe, auf dem Postament, stand eine bronzene Frauengestalt, die sich ein Bukett aus elektrischen Lampen über den Kopf hielt. Sie ist längst geflüchtet, samt ihren kleineren Schwestern auf den Treppenabsätzen. Das ist das Zimmer der Eckfront im ersten Stock, wo Jahr um Jahr die Majestäten, Wilhelm I. und Augusta, zu wohnen geruhten. Es ist völlig leer. Die eingelegten quadratischen Platten des Parketts sind herausgerissen und übereinander geworfen. In den drei vom Fußboden zur Decke reichenden, in Bogen auslaufenden Fenstertüren, die sich auf den Balkon öffnen, steht das Bild des Städtleins drüben über der Oos, in Schach gehalten von dem übergewaltigen Turm der Stiftskirche, von dessen barocker Haube der heilige Petrus gleißt wie Gold. (Er dient nämlich als Wetterfahne, und das ist nahezu ein ketzerischer Gedanke, wie man sich eben im Städtlein zu aller Zeit so manches erlauben konnte, was andernorts nicht straflos ausgegangen wäre. Denn wer wollte zu behaupten wagen, daß der heilige Petrus sich im Winde der Geschichte dreht?) Das Schloß, oben, hinter dem Turm, seine Türmchen, Ziergiebel und Fronten in unpathetischem, dem Ländchen angemessenem Barock, hüllen sich in Abenddunst. Nur morgens, bei Sonnenaufgang, entbrennen die Fenster, als sei das Feuer wieder ausgebrochen, das am Bartholomäustag 1689 die alte Residenz und die Kirche und fast das ganze behagliche Geniste der Geistlichen und Ordensleute, der Handwerker und Gast- und Badewirte verzehrt hat. Hohenbaden, fern oben, zwischen Wald und Felsenkamm, hat sich dem Tag schon entzogen.

Einst fühlten sich die Markgrafen auf ihrem Berge einigermaßen sicher vor ihren streitwütigen Standesgenossen. Der erste freilich, Hermann, wurzelte nicht ein; er zog nach Cluny und wurde Mönch – und dieser Verzicht ist vielleicht ein gutes Fundament gewesen. Ein Opfer an Leben pflegte man in die Burgen einzumauern, etwa einen Hund in dem Reußischen Schlosse Burgk. Aber im Jahre des Heils 1479 sah der tüchtige Markgraf Christoph ein, daß es keinen Sinn mehr hatte, in einem Bergschloß zu wohnen. Er zog hinunter nach Niederbaden in das Neue Schloß, wo er widerspenstigen Zunftmeistern und gerissenen Badewirten besser auf die Finger sehen konnte. Das Gewähren und das Treiben an den Stätten des Wasserkultes konnten zu mancherlei Bedenken anregen; sie haben die Ermahnungen der Prediger gewiß vortrefflich illustriert und gerechte Rüge gefunden. Kurz, es war Zeit geworden, das ganze Badewesen, zumal ›bei Tag und Nacht allerlei Ungebührliches von Fremden und Einheimischen betrieben wurde‹, einigermaßen zu regeln und unter sittlichem Verdienst einen ehrlichen Nutzen daraus zu ziehen: jeder Badegast sollte einen Pfennig entrichten. Der Scherer Hans Ulrich und seine Hausfrau Katharina, tatkräftige Leute, nahmen das Bad als markgräfliches Erblehen in feste Hand; sie sicherten sich ein Grabdenkmal, schmückten den Friedhof und haben die Mönche unter dem Walde des Fermersbergs gewiß nicht vergessen, die treulich für ihre Seelen beteten, bis endlich, um mit Hegel zu reden, ›die Welt auf ihren Kopf gestellt wurde, nämlich auf die Vernunft‹, und das ärgerliche Bimmeln des Kapuzinerglöckchens über den Weinbergen verstummte.

Ja, das Städtlein! In seiner Ehrwürdigkeit und schlauen Ehrsamkeit, in der Zierde seiner Torheiten, deren einige sehr ernsthafte und blutige Torheiten gewesen sind, im Schmucke seiner Sünden und seiner Anmut ist es noch immer, was es war. Und wer nimmt es mit der Verschmitztheit auf, die sich durch Jahrhunderte, vom Witz der Generationen genährt, um das Wohl der Gäste verdient machte! Aber ich habe noch einmal und allein diesen Blick durch das Fenster vom Balkon der Alten Majestät. Es ist ein Balkon, der, könnte man mit verzeihlicher leichter Übertreibung sagen, einmal über der Welt hing, jedenfalls eine beachtliche Aussicht bot mit geschichtlichen Perspektiven. Hier saßen wir gelangweilt in den trüben, an Gästen armen Sommern des Ersten Weltkrieges. Und nun ist von Verheißungen der Geschichte keine Rede mehr. Der Balkon ist die Gondel des Luftballons, der alljährlich, am Feiertage der heiligen Apostel Petrus und Paulus, umständlich auf der Wiese vor dem Kurgarten aufgeblasen wurde und dann unter einer heroischen Melodie der Kurkapelle entschwand. Die weißbemützten todesmutigen Fahrer grüßten die ergriffenen Zuschauer und warfen ihre Sandsäcke ab; hoch und weit kamen sie nicht. Meist landeten sie glücklich in Ebersteinburg, wohin man heute mit dem Omnibus in zwanzig Minuten fährt. Aber auch in solchem Tiefflug lassen sich einige Anmerkungen und Beobachtungen machen: Flüchtiges den Flüchtigen, Begegnung der Flucht mit der Flucht. Mehr will ich nicht.

Die Landschaft ruht: der Merkur, der spitze Feuerberg, hat sich einen Schneeschleier umgelegt, und um den Felsenkamm des Battert, der aus dem Nebel sich frei macht, irrt fahles, transzendierendes Licht; die Ruine, das gebrochene Mauereck mit leeren Fenstern, romantisches Pathos, zeichnet sich zaghaft durch. In den Himmel kommt ein Leuchten von der Rheinseite des Fremersberges her, in dessen Schatten das Haus liegt, das nun wissend-unwissend stöhnt – in den Dielen wohnt ächzendes Leben – wie ein Tier vor dem Schlachthof, und die absurden Wolkenschlangen, mit deren Anfertigung die Düsenjäger den ganzen Tag unter erheblichem Geräusch beschäftigt waren, werden zu einer geheimnisvollen Schrift: am Himmel steht die verfließende Hieroglyphe der Vergeblichkeit der Vergeblichkeiten, Monogramm unserer Zeit.

Das Städtlein, das geliebte, ist für den Unkundigen nicht sehr mitteilsam; es weiß seine Geheimnisse so wohl zu verbergen wie eine seiner zierlichen Bewohnerinnen höheren Alters Bonbons und Schönheitsmittel in der Einkaufstasche – oder das Spitzhundchen, das, zum wolligen Knäuel zusammengerollt, im Beutel verschwindet, wenn die Herrin den Obus oder das Kino betritt. Da fällt mir die alte Mistreß B. ein, die, stets noch in Trauer um den sagenhaft fernen Mister B., sich täglich nach Tisch hier hinabtragen ließ in den Wagen zur Spazierfahrt: sie ächzte und stöhnte dabei laut für ihre Träger, die auch ein wenig Mitleid verdienten. Sobald sie im Freien war, sprach sie munter der Kognakflasche zu.

Das Städtlein also verrät kaum etwas von seinen frühesten Bewohnern, von Trajan, Hadrian, Antoninus Pius, von den römischen Legionären, die oben auf dem Rettig, wo heute das grausame Schulzuchthaus steht, die Pflanzstätte meiner Jugend, ihre in den westfälischen und rheinischen Wäldern verdorbenen Knochen auszuheilen suchten und sich mit Votivtafeln und Statuen den Göttern des Okzidents und Orients anbefahlen. Denn die westlichen Gottheiten reichten längst nicht mehr aus für ihre Beschwerden. Wieviel wäre von Caracalla zu sagen, dem Brudermörder und Mörder seiner Gattin, Verehrer der Luna, den noch zu Anfang des vorigen Jahrhunderts eine Sandsteinplatte im Turm der Stiftskirche als Wohltäter und gewissermaßen Ehrenbürger feierte, Ahnherrn einer stolzen, bis in die Gegenwart sich herabstufenden Reihe! (Es ist erstaunlich, daß er mit solcher Großmut von der frommen Gemeinde geehrt wurde.)

Ich stehe ja nun, am späten Abend, am Kaiserfenster des geschändeten Zimmers, das früher stets mit Ehrfurcht betrachtet wurde und für ein Weilchen der eigentliche Ruhm des Städtleins war. Durch vierzig Sommer sahen die Vorübergehenden scheu zum Balkon, ob ihnen wohl der Anblick der Herrschaften vergönnt sei, der stolze Scheitel, das geliebte weiße Haupt. Hierher zogen fremde Fürsten und die bekümmerten Zaunkönige des Bundes. Die Zeit verhieß mancherlei Macht und grollte mit mancher Gefahr, unheimlich schien es zu werden, und die Serenissimi fühlten sich nicht mehr fest. ›Alles‹, hatte der Bischof von Autun, Überwinder Napoleons, anfangs dieses Jahrhunderts bemerkt, ›kann man tun mit den Bajonetten, nur setzen kann man sich darauf nicht.‹ (On peut tout faire avec les bajonettes excepté s'y asseoir.) Hierher eilten Minister, Generäle, Diplomaten in geheimer Mission, Kuriere und Leibjäger, Ehrgeizlinge, die nicht vorgelassen wurden, und Falschspieler, die der Gunst Fortunas sicher waren. Niemals werden die Historiker allem auf die Spur kommen, das hier beratschlagt, beschlossen worden ist. Hier war alles ein wenig leichter. Und was am Schreibtisch nicht zurecht zu bringen war, das löste sich vielleicht auf dem Balkon. (Natürlich fehlte es auch nicht an Damen hoher Abkunft, die die Aufmerksamkeit des Alten Herrn zu erwecken suchten und mit dem Gruße des Kavaliers abgewiesen wurden. Bertha von Suttner, eine etwas beängstigende Erscheinung von festen Absichten, hatte ein klein wenig mehr Glück; Photographien in oft erstaunlich gebefroher Gewandung oder Enthüllung pflegte der Alte Herr – sicherlich zur Genugtuung Ihrer immer wachen Majestät – mitten durchzureißen und in den Papierkorb zu werfen.) Ohne Zweifel also hatte die Geschichte mit ihrer ganzen würdigen und fragwürdigen Gefolgschaft eine gewisse Vorliebe für diesen Schauplatz. Nun aber legt sie keinen Wert mehr darauf. Sie bricht ihn ab. Der Kulissenmeister Ackermann ist wieder beauftragt, und es hat mich immer ergriffen, wenn er die Herrlichkeiten des vergangenen Abends durch die nüchterne Tageshelle trug.

Es dunkelt im Nebenzimmer, wo die Majestät in einfachem Bette schlief oder ein Bad befahl. Natürlich konnte die Maison mit einem Badezimmer nicht aufwarten, aber doch mit einem Zuber, in den das heiße Wasser gegossen wurde. Vergeblich suche ich im Speisezimmer nach den Spuren der Wandluke, durch die das Diner hereingeschoben wurde. Wir sahen sie noch als Kinder, dann wurde sie vermauert. Der Kammerdiener nahm die Tabletts im Speisezimmer ab und setzte sie vor: das war die Hofhaltung des Hohen Herrn an den wenigen glücklichen Tagen, da er allein war und nicht zuhören und nichts beschließen mußte und Ihre Majestät, der ›Feuerkopf‹, ihn nicht ansprühte.

Auch in dieser doch einigermaßen noch redlichen Umgebung sorgte sich Ihre Majestät des Abends um ihren Schmuck. Sie vertraute ihn dem Faktotum Crescentia an: und Crescenz, wie man sie eigentlich nennen muß, verpackte das Geschmeide in ihre abgescheuerte Tasche, stellte es im Dachstübchen unter ihr Bett und schlief seelenruhig darüber ein. Ehre ihrem Andenken! Fast hundert Jahre lang hat sie es auf dieser Erde ausgehalten und sich auf ihr mit ein wenig Schläue durchgebracht. Wer hätte für sie, die, glaube ich, eine entfernte Verwandte war, gesorgt, wenn sie es nicht selber getan hätte? Sie war für jede Arbeit zu gebrauchen. Eis für den Nachtisch der Majestäten konnte in der Maison nicht hergestellt werden; Crescenz holte die Kelche aus dem Kurhaus und kappte unterwegs, was in schöner Form über den Rand ragte; das übrige, meinte sie, sei genug für die Herrschaften. Von vieler Arbeit gebeugt, lebte die Beschützerin des Hohenzollernschmucks noch zu meiner Kinderzeit in einem Altersheim der traurigen Bundesfestung Rastatt; dem, was sie in kaiserlichen Tagen gewohnt war, entsprach das freilich nicht, aber diese Versorgung beruhigte bürgerliche Gewissen vollständig. Für Besucher hielt sie unter dem Plumeau eine Kanne einigermaßen warmen Kaffees bereit. (Was mag es sie gekostet haben, daß sie ihn nicht selber bereiten könnte wie in der guten alten Zeit!)

Das Städtlein ist von Anfang an weise gewesen und wollte eigentlich von Geschichte nicht viel wissen. Es hat sich in ein mildes Seitental unter dem Schwarzwald, abseits der Rheinstraße gedrückt und wäre wahrscheinlich ganz froh gewesen, wenn die triumphalen Pompes funèbres vorbeigewandelt wären, ohne von ihm Notiz zu nehmen. Aber der Quelldampf hat es verraten. Kelten und Römer, Alemannen und Franken, die im dritten Jahrhundert über den Limes fluteten, haben sich weidlich darum gerauft. Vom mittelalterlichen Gezänke geistlicher und weltlicher Herren, von blutigen Meinungsverschiedenheiten in der Familie seiner väterlichen Zwingherren wurde es keineswegs verschont. Aber wie die selige Crescenz hat es doch unter Entbehrungen und Freuden ein schönes Alter erreicht und stets, nach einer Pause der Entrüstung, das rechte Verhältnis zu seinen Mißgeschicken gefunden. Es hat eingesehen, daß die Gnade auf seinen Hängen und Bergen wie das Feuer in der Erdentiefe gar nicht auszulöschen ist, und daß der sich Beklagende fast immer unrecht hat. (Nur Abschied ohne Vorwurf könnte erlaubt sein.)

Die Quellen, die dampfend um die Füße der alten Häuser sprudeln vom Südhang des Schloßbergs herab, haben das Städtlein immer wieder erfrischt, das Schlimme hinweggespült und es vor Verbitterung bewahrt. Theophrastus Paracelsus war flüchtiger Gast im Neuen Schloß – dem Vorgänger, der 1689 am Bartholomäustage in Asche sank, nachdem die Mordbrenner der Markgräfin noch ein Ständchen gebracht hatten. Bombast von Hohenheim, der Wanderer, Arzt, der ›Waldesel‹ von der Teufelsbrücke im ›finstern Wald‹ bei Einsiedeln, ausgesandt in die Epoche der Lustseuche und deren Erforscher und Beschreiber, immerfort auf der Suche nach dem letzten Sinn ärztlicher Berufung, welche Frage ihn zurückführte zum Arzt der Welt, darum also auch ›Verkünder des anbrechenden Reiches Gottes‹: was hätte er geben können, wenn er gastlicher beherbergt worden wäre! Er durchforschte die Quellen und schrieb darüber einen Bericht. Für ihn war die Quelle Wesen, Person, eine Art geistiger Leib wie die Leidenschaften, die im Menschen Wohnung nehmen, wie die Krankheiten auch. ›Das Bad regiert den Willen‹, erklärte er: das ist eigenwillige Gewalt. Hatten die Alten nicht recht, als sie die Quellen als personale Gottheiten ehrten und deren Verletzung als tödliche Schuld erkannten? Philoktet mußte unter Höllenqualen sterben, weil er einst ein Quellwesen beleidigt hatte. Ach, wie fern ist das! Wie nah sollte es sein! Personifizierte Mächte kämpfen im Menschen und um ihn, nach Bombasts Überzeugung, und der Arzt, dessen Geheimnis es ist, daß er Sendbote ist des Arztes der Welt, ist in diesen Kampf gerufen: das wichtigste also ist das Gebet, daß die Heilkraft komme ›in den Blutstrom des Siechen und Kranken‹. Des Arztes Wille und der des Kranken vermählen sich wie ihr Gebet, sonst ist nichts zu erhoffen: Diagnose ist ein Beichtgeheimnis, ein Austausch. Denn ›alle kranke Äußerlichkeit hängt mit kranker Innerlichkeit zusammen‹. Nicht der Mensch heilt, sondern Gott: die Krankheit soll verstanden werden als Ruf nach Gott. Arzt und Arznei sind Mittler göttlicher Barmherzigkeit. ›Im Herzen wechst der Arzt.‹ – ›Es ist eine jegliche Krankheit ein Fegfeuer, kein Arzt kann gesund machen, es sei denn Sach, daß von Gott dies Fegfeuer aus sei‹. Kranksein ist Weltgleichnis, denn ›alle liegen

23

im Sterben‹. Der Kranke lebt in zwei Leibern, die einander stören, bis er, Gott sich ausliefernd, die höhere Lebensgestalt erreicht, und mit den Völkern ist es nicht anders. Da der Mensch ein Ganzes ist, ›Auszug der ganzen machina mundi‹, muß der Arzt ihn im Ganzen begreifen, muß er ›den Lauf der Himmel und Erden machen‹: er wird im Menschen nichts finden, ›denn was Himmel und Erden auch haben‹. Heilung ist eine Art Sakrament: der Arzt reicht dem Siechen auf geheimnisvolle Weise Leben von seinem Leben, Teil seines Leibes und damit seiner Willenskraft unter der Weihe des Gebets, zu bestimmter Sternstunde, an erwähltem Ort; es könnte eine Art mumia sein, vergeistigt Körperliches, in dem unermeßliche Kräfte schlummern: so beginnt das Licht der Natur wieder zu leuchten im Kranken, fluten die einander haltenden Kräfte des Alls in ihn zurück. Welche Vermessenheit, heilen zu wollen, da alles Wissen, je weiter es dringt, auf um so gefährlichere Weise in die Schwebe gerät! Wir können das Leben nicht definieren, die Grenze zwischen nicht belebter und belebter Natur nicht ziehen; wir respektieren die Wirkung der Sekrete, aber kennzeichnen können wir sie nicht. Welcher Wahn, das Mysterium Mensch zu behandeln!

Paracelsus verstand sich als Diener des Archeaus, der geheimnisvollen, von innen bildenden Lebenskraft. Er sah den Menschen in seiner ganz bestimmten Geschichtszeit, dem ›historischen Augenblick‹ [H. E. Sigerist], und lehrte, daß die Zeit einwirke auf den Organismus und seine Funktionen. Zugleich suchte er den Kranken im Kosmos, er, der auf revolutionäre Weise seine Erfahrung einsetzte gegen die in Schriften überlieferte Medizin, gegen Hippokrates und Galen, stimmte doch mit den Alten überein, mit Empedokles und Pythagoras: nur in der Beziehung zum Kosmos wie zum Lebensgeheimnis des einzelnen mit recht dosiertem Gift – denn Gift ist in jedem Medikament und in jeder Speise – in der Gnadenstunde, da Arzt und Patient gemeinsam Gott begegnen, kann Heilung gelingen.

Seltsamer Mann! Er ist nicht nur aus der Verwandtschaft des Edlen von der Mancha – aus dem Geschlechte derer, die, mögen die Reihen stehen oder zusammenbrechen – zum Zorn aller quer durch die Linien sprengen –, sondern auch aus der Sippe der armen Marktschreier, die dem Volke ein Schauspiel gaben und, mit Brille und Messer bewehrt, ihr brüllendes Opfer unter schauerndem Ergötzen der Zuschauer von einer Geschwulst befreiten. Wenigstens ein wenig im Tone der Chirurgen auf dem Markt, die einander anspieen, wenn sie zusammenstießen, und doch wieder im Bewußtsein großer Sendung ließ er sich vernehmen: ›Mir nach, und nicht ich euch nach. Eurer wird keiner im hintersten Winkel bleiben, an den nicht die Hunde seichen werden. Ich werd Monarcha, und mein wird die Monarchei sein.‹

Wundern wir uns etwa, daß wir nicht mehr gesund werden? Wundern sich die Staatsmänner dieser sinkenden Welt, unter denen kaum ein Gesunder zu finden ist? Oder die Künstler, mit denen es nicht viel besser steht? Paracelsus hat zwar nach seiner eigenen Erklärung den Markgrafen Philipp vom Verderben seiner Leibärzte erlöst, von allen Schäden also, die ihm die Hofmedici in der besten Absicht ihrer Unwissenheit zugefügt haben; aber der Geheilte betrog ihn schnöde um den verheißenen Lohn. Und also machte sich der Magier des kommenden Reiches wieder auf die Flucht, nachdem er die ›aufspringenden Wasser‹, die Quellnymphe, den schaffenden Geist der Tiefe geehrt und gegrüßt und den Unterirdischen gehuldigt hatte. ›Die heißen Wasser zu Baden sind vollkommener als alles andere.‹ Dann flüchtete er durch die immer wilder fiebernde Welt seinem Ziele zu: allzulange sollte es nicht mehr dauern, bis er in der Herberge zum Weißen Roß in Salzburg im ›Kleinen Stübl‹ am Sankt-Matthäus-Tag 1541 schwachen Leibs auf seinem ›Reisebettlein‹ saß im Alter von 48 Jahren; was seine Armut hinterließ, mit Hilfe des kaiserlichen Notars Hans Kalbsohr der Armut zuschreibend (für ›elend dörftig Leut‹. – ›Der Schnee meines elendts ist zum endt gangen... Welcher kombt wider euch und sagt die wahrheyt, der muß sterben.‹).

Der wilde ›Waldesel‹ aus dem finstern Gestrüpp, der so frühe sich wundgelaufen hat, spiegelt in Leben und Wort die brennendsten Probleme der Heilkunst, der Forschung, wichtiger denn je einer Zeit der ›Forschungszentren‹ in Wolkenkratzergestalt, von Staates, nicht von Gottes Gnaden, die ohne Zweifel gegenüber gewissen militärisch-katastrophalen Eventualitäten, vor denen man die Augen nicht verschließen kann, in beiden Hälften der Welt – überall dort, wo Macht ist – Erhebliches beizutragen haben. Mit der Physik ist auch die Medizin dem Räderwerk – oder sollten wir doch noch: der Geschichte sagen? – verfallen. Wann wieder ›wechst‹ der Arzt im Herzen?

Man verzeihe die Abschweifung. Es wird nicht die letzte sein. Ich habe es nur mit Schatten zu tun; der Balkon ist ja nicht mehr ganz da, und die Schatten gehen und kommen, wie sie wollen, und halten sich an keine Chronologie. Hätten wir nicht allen Grund, uns nach einem Arzte umzusehen, und wäre er auch behaftet mit den Absonderlichkeiten des armen Gastes im Weißen Roß und gepeinigt von seinem gefährlichen, aufrührerischen Feuer? Aber es ist, um noch einmal mit ihm zu reden, in seiner herzensnahen Sprache, ›Abendstund... wo die Gesichter der Leute an den Fenstern trübe werden‹. Sollten wir es nicht dem Volke nachtun, das noch im vorigen Jahrhundert zum Grabe des Paracelsus pilgerte und ihn als Fürbitter anrief, einen Heiligen der Armut?

Nun aber, am letzten Abend, da man noch gewissermaßen durch das Fernrohr der Majestäten sehen kann, in die Verschwiegenheit der Landschaften und Zeiten, schwebt eine Krone über dem Städtlein, über der Herberge so vieler Fürsten, Wanderer und Narren, so vieler Kranker, die nicht wußten, was Krankheit ist, und, hoffen wir – Unbekannte, die der Gottheit im Quell begegneten –: die sich verabschie-

26

dende Krone. Nur die Kronenwächter können sie sehen, deren Geschlecht ausstirbt wie die Gilde des Paracelsus: es sind die letzten Versprengten einer Narrengemeinschaft, die sich in die stygische Wüste zerstreuen.

Freilich ist der undankbare Markgraf wenige Jahre nachdem ihn Paracelsus von seinen Plagen befreit hatte, oben in seinem Schloß gestorben. Der gewaltige Mann, Karls V. Reichsverweser, der in seiner Jugend im Dienste der Franzosen und Venezianer gegen die Türken gekämpft hatte – nicht gerade als Admiral, wie ihm nachgerühmt wurde, aber doch als Schiffskapitän –, liegt drüben in der Kirche, gerüstet, helmlos, im Ruhm seiner Taten auf seinem Grab. Auf dem Reichstag zu Speyer (1526) hat er wohl unter all seinen Sorgen und unlösbaren Aufgaben seine beste Kraft zerrüttet. Und lange sollte es nicht mehr dauern, bis der Glaubensstreit das Fürstenhaus spaltete und die Bürger des Städtleins von der großen Unruhe um die Seligkeit ergriffen wurden. Sie eilten aus der Stiftskirche hinab zur Spitalkirche hinter den Badhäusern; vom Dominikaner, der eben noch in der allgemeinen Verwirrung Martin Luthers Abendmahlslehre verkündet hatte, zum Prediger des evangelischen Worts. Aber die patres patriae wechselten rasch: schon legte der neue Herr das entgegengesetzte Bekenntnis ab, und die Bürger hasteten angstvoll zurück, und dann liefen sie wieder zum Prediger, und so eine gute Weile hin und her, wie die Mönche auch, die ein- und auszogen: alles arme, suchende, ratlose Menschen, über deren irdisches und ewiges Geschick der Glaube der Fürsten oder der Vormünder unmündiger Thronfolger, das Spiel der Interessen, das auf das Ländchen gefallene Splitterchen Macht entschieden. – Die Schlüssel des Himmelreiches waren verloren gegangen. Aber das große Leid ist fast stumm. Eine Frau, die über siebenmaligem Wechsel wahnsinnig geworden sein soll, spricht für hundert und tausend, die wir nicht kennen. Vernarbt ist nichts. Und die Jahreszeiten des Leids in immerwährender

Wiederkehr führen die alten Schmerzen wieder und wieder vorüber. ›Ein Volk begreift sich nur als solches durch seine Geschichte‹ (Fichte), und mit Traumesgegenwart dämmern unüberwindliche Leiden im Bewußtsein der Völker.

Vor solch düsterer Zukunft hatte sich in den altgeschätzten Badehäusern oben auf dem Markt und unter dem Schloßberg, wo heute das Kloster der Ehrwürdigen Frauen vom Heiligen Grabe steht, ein munteres Treiben entfaltet. Vor etwa dreißig Jahren stand noch die ›Rose‹ am Markt mit behaglich breiter Wirtsstube. Ich habe da Abschied vor der zweiten Spanienreise gefeiert. Es gab stets vortrefflichen, mit Speck gewürzten Zwiebelkuchen, den ich damals noch mit großem Vergnügen aß, und guten Wein, und draußen leuchtete und wimmelte der Markt: die dicke lustige Rosa stand hinter ihren Krautköpfen, und der alte, von Krankheit gezeichnete Steimer schleppte seine Eierkörbe herbei, und die krummen Weiblein feilschten um die Zugabe, um Petersilie oder Schnittlauch oder Pimpernell, und über ihnen drehte sich Petrus im Wind, und der Kirchturm sang und bereitete das Ende des Scenariums vor. (Und der Fischverkäufer schlug die verkauften Rheinaale wie Lederriemen auf den Rinnstein: das gehört zu den Lauten, die nicht aus den Ohren gehn.) Die alten Badhäuser hatten fast alle freundliche Namen: ›Zum Salmen‹, ›Zum Baldreit‹ (weil der vom Quellgeist unversehens geheilte Pfalzgraf für den Wirt allzubald im Morgendämmer davonritt), ›Zur Sonne‹, ›Zum Hirschen‹, das beste aber hieß nach der Wirtsfamilie, die es verstand, jedes Odium auszulöschen, ›Zum Ungemach‹: im Grunde ist das doch der passende Name für eine Herberge, die uns in jedem Falle, wie das Leben auch, der Heimtücke des Personals überläßt. Von Straßburg, von Rappoltsweiler kam so manche Anregung herüber, wo alljährlich die Spielleute des Reiches ihrem König huldigten. Übrigens dort, unter den Schlössern von Rappoltsweiler, ist der ›Mouton‹ meine Liebe; die Wirtin sitzt wie eine hochverehrte deutsch-französische Freundin unter knapp anliegendem

Federhütchen hinter dem Büfett, während die Haselmaus draußen durch das Laubdach klettert und mit Fledermausohren herunterlauscht. Ach, wo komme ich hin, in dem Gehäuse der Zeit, wo kein Reisebettlein mehr aufzutreiben ist, nachdem Abertausende hier geschlafen haben – allenfalls ein morscher Stuhl. ›Die Rose‹ nämlich ist längst dem Bedürfnis nach Leere gewichen, aber einen kleinen Nachruf verdient sie doch, wenn sie sich auch des besseren Publikums in ihrem Herbste nicht mehr rühmen konnte – wie gerne bin ich nicht unter dem besten –, und der Markt kümmert hin, aufgezehrt von lukrativeren Unternehmungen, nur noch ein grauer Schatten einstiger Freudigkeit. Man kauft nicht mehr ein. Das Lieferauto ist an die Stelle der Markttasche getreten.

Gehen wir zurück! ›Dis wasser –‹, schrieb Sebastian Münster in seiner im Jahre 1550 in Basel gedruckten Kosmographie: ›Dis wasser halt in seiner vermischung schwefel, salz und alun. Dienet zu vertreiben engung der brust, welche von kalten flüssen des haupt kompt, den feuchten augen, den sausenden oren, den zitternden und schlaffenden glidern, dem krampf und anderen krankheiten bös geäders, so von kalten Feuchtigkeiten kommen.‹ Auch der hochgelehrte Philibert Leucippaeus vertrat, etwas vorsichtiger, Ende des sechzehnten Jahrhunderts die Meinung, daß das Wasser mancherlei Krankheiten heile. Er kam sogar auf den Gedanken, daß man es trinken solle. Wenigstens soll er, nach Überzeugung des Chronisten, der Erste gewesen sein, der davon schrieb. Das geschichtliche Wissen beruht fraglos auf der Schrift. Aber es ist wohl anzunehmen, daß das Trinken dem Schreiben vorausgegangen ist und uns die Geschichtsschreibung in allem Elementaren höchst unzulänglich belehrt. Wir wissen ja längst von Paracelsus, daß es sich in der ganzen Sache des aufspringenden Wassers und seiner Kraft nicht um das Schreiben und Lesen handeln kann, auch nicht um die Wissenschaft, sondern um das Werk des salamandrischen Quellgeistes, um Heimkehr zum Element. Wohl ist es zu begreifen, daß nach Virchow und Jung so mancher Arzt die Gabe des Quellgeistes nicht höher schätzt als schales Regenwasser – das freilich Aussicht hat, immer aktiver zu werden –, daß solche Ärzte zum mindesten die Geschenke der Tiefe mit korrigierenden Zugaben versehen: aber es könnte die Frage sein, ob der Quellgeist sich unter solcher Einwirkung nicht verflüchtigt.

Übrigens fühlte sich der väterliche Leucippaeus zu einer Warnung veranlaßt, die ich objektiv weitergeben will, ohne mich von ihr angeredet zu fühlen: ›Junge, hitzige und zornige, dürre Leute, die cholerischer und trockener Complexion sind und dergleichen Krankheiten haben, so von der Galle herkommen und zu der Gilb geneigt sind, sollen sich vor diesem Bad ernstlich hüten.‹

Also saßen Männlein und Weiblein in leichten Hemdlein, samt den Kindern, Männer, deren Würde an dieser Stelle nur an der Tonsur zu erkennen war, nicht ausgeschlossen, zu sechs oder acht in den Badkisten, gefällige Bedienung legte ein Speisebrett darüber und tischte auf (denn man verharrte fast den ganzen Tag in diesen Annehmlichkeiten). Ein Spielmann, Untertan des Pfeiferkönigs von Rappoltsweiler, stellte sich daneben und fiedelte und sang – gewiß nicht des bittern Thomas Murner – poeta laureatus – moralinsaure Verse:

> Der möcht wohl nehmen großen Schaden,
> Der zur Hölle fährt nach Baden...

wiewohl sie nicht so ganz unangebracht gewesen wären, sondern aufmunternde, das Gemüt bewegende Weisen und rührende Historien, wie sie Kranken wohltun. Die ›Hölle‹ war übrigens eine Anspielung: so hieß ein Quellursprung neben der Stiftskirche; der Name ist einer Gasse geblieben, die hinter der ›Rose‹ hindurchführte. In old England galt noch freundlichere Sitte: die Badkisten standen in den Höfen der Inns zur Augenweide müßiger Gäste auf den Galerien. Tags darauf wurde die Wasserfreude abgeräumt oder mit ein paar Brettern überdeckt, und Shakespeares Weltgewitter zog durch den Hof.

Sechs oder acht Stunden also sollen die Badgäste auf diese Weise täglich ihrer Gesundheit geopfert haben, ein Pfalzgraf, wahrscheinlich unter noch erquicklicheren Umständen, sogar neun. Wenn der Spielmann eine Pause machte, kann es an Gesprächsstoff nicht gefehlt haben. Denn abends drängten sich dreißig oder vierzig Menschen in derselben Gaststube zusammen, im Dampf der nassen Kleider bestaunter und belachter Ankömmlinge, der Speisen, des Biers und des heißen Würzweins; sie wuschen sich, wenn es ihnen endlich gelungen war, des Zubers sich zu bemächtigen, kämmten sich, hingen die Kleider am Ofen auf, scheuerten die von Lehm strotzenden Schuhe, schalten, rauften, spielten, tranken und sangen und schnarchten zu guter Letzt, nachdem der Wirt das Flämmchen ausgedrückt hatte. Nicht allzu früh werden sie andern Tags, nach dem Genuß der Biersuppe, die natürlich auf sich warten ließ, die Kur wieder aufgenommen haben. Kurz, des Wissenswerten, der Freude und des Ärgers war kein Ende. Auch wollen wir hoffen, daß die Badwirte kultivierter waren als die ›alten Graubärte mit geschorenem Kopf‹, mit denen Erasmus und sein Körperchen es meist auf langen Land- und Flußreisen zu tun hatten: in Breisach etwa setzte der mürrische Ganymed schmutzigen Brei, Klöße und ausgekochte Fische zum Frühstück vor; andernorts, während die Gäste das Fenster aufrissen und wieder zuwarfen und sich jedenfalls über Öffnen und Schließen nicht einigen konnten, wurde endlich Gemüsebrühe, in der Brotbrocken schwammen, in den Holzteller gegossen und angestandener Wein in den Becher. ›Wenns euch nicht paßt, sucht etwas andres!‹ Darauf kamen Fleischbrühe und gediegener Brei, und wenn der Gast satt war, sogar Forellen, die ihm nichts mehr nutzten. Und dann mochte er sehen, wie er und sein Körperchen sich miteinander verständigten. Aber das Gasthaus in Lyon, wo er das geschundene Eselchen, das Brüderchen, ein wenig erquicken wollte, erwies sich als genau so miserabel wie die Bewirtung auf dem Rheinschiff zuvor, wo der Wanderer unter Deck mit gemeinen Schiffsknechten in Dunst und Finsternis seine harten Eier verschluckte.

Nein, so Schlimmes wollen wir den volkstümlichen Vorgängern der Etablissements nicht zutrauen, die, nach dem Siege der Hotelkultur, mit eleganten Namen aufwarteten: Saumon und Etoile, Cerf und Soleil, von den Maisons Particulières zu schweigen.

Im Mittelalter stand der gewaltige Kirchturm genau in der Mitte des Städtleins unter dem Schloß. Die Häuser hatten sich vor ihm in reinlich abgeteilten Vierteln aufgestellt, so daß er sie leicht überwachen konnte, und auch auf Mauern und Bastionen, deren einige aus uralter Zeit stammten, hatte er ein scharfes Auge. Wenn eine Seuche oder gar die Pest sich heranwälzte, so ließen die Bürger die flinken heißen Quellen über die Treppen und durch die Straßen laufen, bis an die Mauer und die Tore hinab, rechts der Oos, wie sich versteht, auf dem fränkischen Ufer, denn drüben im Alemannischen wäre noch ein unsicheres Leben gewesen – und dann lebten sie wieder auf – denn sie sind nicht gerade zum Grübeln geneigt –, flößten auf der Oos, stellten den Fischottern nach, die ihnen die Forellen weggefangen hatten, schossen Hasen, Hirsche und Rebhühner, herbsteten auf Väterweise und begannen, wenn es sich nur irgend schicken wollte und die Weltgeschichte nicht gar zu verstimmt war, ein gutes Neues Jahr, nach dem Spruche, den ihr Landesvater, der gewaltige, nun aber leider vergessene Philipp II. von Baden-Baden, oben im Schlosse vor den Reigen der Jahreszeiten schreiben ließ:

> Gut Wein und Speyß ich jetzt nit spahr,
> Dass ich erleb viel neuwer Jahr.

Ihr Mut war ungebrochen, sie freuten sich auf jedes neue Jahr. Auch hatten sie jetzt, im Januar, keinen Grund, den guten Wein zurückzuhalten, denn es waren keine Gäste da. Sie waren, wie noch heutigentags um diese gesegnete Jahreszeit, in die sich allenfalls ein ortsgebürtiger Fremdling, wie ich es nun einmal bin, eindrängen kann, unter sich. Es ist die glücklichste Zeit des Städtleins, zumal wenn der Winter, wie in diesem Jahr, vorläufig keine ernsten Absichten hat: dann werden die stolzen Portiers zu umgänglichen Menschen; selbst im Kurhaus ist man ein geduldeter Gast bei geringem ›Verzehr‹, und jeden Tag hat der Himmel eine Überraschung: Lichter und Brechungen zwischen Süd und Nord, West und Ost. Mancherlei Kunstgenüsse warten auf, und eben erleuchtet sich wieder das Theaterchen, dessen Erbauer, Monsieur Charles Couteau, einen späten Dank verdient. Er ist in der ›Illustration‹ (Jahrgang 1862) zu sehen: ein etwas finsteres, eigenwilliges Gesicht. Damals war M. Edouard Benazet, der Pächter des Spiels, der mächtigste Mann der Stadt und Mäzen ohnegleichen: la main heureuse de Monsieur E. B. vient de mettre çe jeune architecte en lumière.

Kurtheater

Aber lieber bin ich im Kaiserzimmer, das sich verdunkelt und in wenigen Tagen nicht mehr sein wird: es ist kein Unterschied mehr zwischen Vergangenheit und Gegenwart; wer seinen Augenblick erlebt, hat alles überhaupt Mögliche erlebt, wie Marc Aurel erkannte: Geschichte ist eine einzige Wahrheit, sei es auf fragwürdigen Gipfeln, sei es im Quellental, in der untergehenden Heimat; in der Morgenfrühe, am einsamen Abend. Doch kann man sich des Verdachts nicht erwehren, daß die Wirte hier nicht immer ganz reinen Wein ein- und ausgeschenkt haben. (Im Zeitalter der Winzergenossenschaften kann davon keine Rede mehr sein.) Und zwar will ich dem besorgten Landesvater Markgraf Christoph I. das Wort lassen: es ist ein ernster Mann mit Schifferbart, starker Nase, spöttischem Mund, groß aufgeschlagenen Augen und aufgekrempelter Mütze, also noch aus der guten Zeit, da Kaiser Maximilian seine Kronen zusammentrug und nicht abgeneigt gewesen wäre, es auch mit der Tiara zu versuchen. ›Keiner, der Wein zu verkaufen hat‹, läßt sich der princeps vernehmen, ›soll denselben mit anderen Dingen oder Arzeneien vermischen, sondern jegliches Gewächs rein belassen, wie es erwachsen ist.‹ Rein, wie der Quell aus der Tiefe, sollte hier der Wein sein, säuberlich in die Landschaften seiner Herkunft geschieden, so wie Gott ihn gepflanzt hat. ›Ferner soll niemand einigen Wein mit anderleiigem untermischen, sondern jegliche Gattung, es sei Elsässer, Ortenauer, Breisgauer, Rhein- oder Landwein, unvermengt lassen, wie er gewachsen und an sich geworden. Und damit diese Ordnung desto beständiger sei, sollen alle Küfermeister und Küferknechte den Amtsleuten an Eidesstatt geloben, sorglich darüber zu wachen, daß kein Wein, welcher zum Verkaufen oder zum Verzapfen bestimmt ist, mit fremdartigen und schädlichen Dingen vermischt und aufgezogen werden.‹ Auch das neuerdings aufgekommene Schwefeln wurde mit gebührender Strafe an Leib und Gut bedroht.

Und also trieben die Bürger ihre Gewerbe und zapften die

Badegäste auf markgräfliche Verfügung um erhöhte Steuer an, die allwöchentlich ein verordneter Knecht einsammelte. Der Pfennig reichte nicht mehr. Sie wallten am Tage des heiligen Nepomuk mit Kerzen und unter Gebeten zu seinem Standbild auf der Oosbrücke vor dem Kapuzinerkloster und vertrauten sich seinem Schutze wieder an – obwohl ja die Oos sich höchst selten und nur unter ganz unerträglichen Umständen zum Zorn reizen läßt; sie brannten Ziegel, betrieben Holzschlag und Sägemühlen und zogen nach Feierabend mit Erntekörben in die Obstgärten. Die Kübler, deren Letzter noch sein edles Gewerbe auf die alte Weise vor dem ›Königshof‹ betreibt – einstmals die Pfalz der fränkischen Könige –, waren von besonderer Bedeutung: sie hatten nicht nur Fässer zusammenzubauen, sondern auch die Badkisten und Zuber. Kurz, die meisten blieben an ihrem Ort und suchten zu sein, was sie sein sollten, handelten an den ›Kottelbenken‹ die Kutteln ein, die ein Leibgericht waren, – wann Stockfisch und Zwiebelkuchen aufkamen, weiß der Chronist nicht zu sagen. Im Brühbrunnen beim Baldreit brühten sie Hühner und Gänse, eine nicht ganz glaubhafte Überlieferung; der Quellgeist müßte denn weit feuriger gewesen sein als heute. Sie zahlten Zins und die wohlgestuften Bußen für Händel, Schmähung, Friedensbruch, die vermutlich keine Seltenheit waren – denn der Neuweirer steigt ins Blut –, ließen den Schultheiß die ›in die Ebene und gegen den Wald führenden Tore uff und zu schließen‹, knüpften dann und wann einen armen Teufel am Galgen an der Straße nach Lichtental auf: nach Paracelsus ist solche in der Luft getrocknete Mumia von siderischer Kraft, weit wirksamer als die Mumia aus dem Wasser oder der Erde; sie achteten darauf, daß der Turm-Knecht seinen Vers sang, wie er es schuldig war, und begannen widerwillig einzusehen, daß auch der Schulmeister – der doch eigentlich nicht als redlich arbeitsame Existenz zu respektieren war, eine ›notdürftige Behausung‹ haben mußte. Sie gestanden ihm sogar zu, daß er Anspruch habe auf ein Fuder Wein und zehn Malter

Korn, und entschlossen sich, auch den Collaborator in gemessenem Abstand zu bedenken. Sicherlich hatte er, was das Ruten-Binden und -Schwingen angeht – denn dies war seines Amtes –, tüchtig zu collaborieren. Kecker Äußerungen über den Landesvater, seine Bauten und Tafeleien werden sie sich nicht enthalten haben, wenn sie ihm auch stets gebotene Reverenz erwiesen. Gäste regen zu Vergleichen an, und es sind nicht nur die Ganymede jener und dieser Zeit, die sich niemals täuschen lassen (wer den Blick des Obers streift, sieht in der ersten Sekunde seine geglückte Photographie): im Lauf der Jahrhunderte hat das Völklein einen hübschen Vorrat an kritischem Verstand aufgebracht. Ohne Zensur geht niemand über die Straße. –

Mitunter leisteten die Badener sich Auftritte, die das Städtlein im Ausland berühmt machten: so im Jahre 1585, als der würdige Pater und Teufelaustreiber Andreas Vermatt aus Speyer öffentlich in der Stiftskirche die in der Bürgerin Anna Koch tobenden sieben bösen Geister austrieb, zur Erbauung zahlreicher hoher und niederer Standespersonen. Besonders die Dämonen Stultur und Stagnus haben sich dabei höchst widerborstig benommen, – polternd und unter unnützem Geschwätz, so daß der wackre Pater ihnen mit ›guten, starken Maulschellen‹ heimzahlte. Wir hoffen, nicht der Wohnung aus Fleisch und Blut, die sie so ungern verließen. Ganz klar ist die Sache nicht. Wegen des Unterhalts, den Anna Koch vor ihrer Befreiung im Turme genoß, gab es Streit, bis der Markgraf das Objekt teilte und dahin entschied, daß, ausgenommen die Apothekerrechnung, die eine Hälfte von der geistlichen und die andere Hälfte von der weltlichen Instanz aufzubringen sei. Wie der Apotheker auf seine Rechnung kam und was er überhaupt zur Genesung der Anna Koch beigetragen hat, ist nicht geklärt.

Im Dreißigjährigen Krieg verjagten die Diener des Wortes die Kapuziner aus ihrem Kloster an der Oosbrücke, die Jesuiten aus dem herrscherlichen Kollegiengebäude am

Markt, die Franziskaner aus ihrem Waldversteck unter dem Fremersberg. Draußen flammten die Dörfer, und der alte Wetteifer zwischen der Stifts- und der Spitalkirche entbrannte wieder. Was die schwedischen Plünderer übrig gelassen hatten, nahmen die Soldaten Bernhards von Weimar mit, der seinem phantastischen Herzogtum am Oberrhein entgegen zu ziehen glaubte, aber auf dem Wege war zu seinem Tod. Dann kamen die Schweden noch einmal. Das Kriegsglück hatte die ›Staatsreligion‹ in Händen, trieb mit ihr sein Spiel und mißhandelte die Gewissen – heute geht es um Staatsphysik, deren Priester nicht zu fürchten sind, weil sie niemals einig werden können und im übrigen in Sorgen leben um ihre Institute, so wie einstmals Mönche und Pastoren um Kloster und Kanzel.

Unterschlagen kann man es nicht, daß die wegen ihres Eifers belobte Inquisition hier ihres Amtes waltete. Man mag die Seiten umblättern wie man will: eine jede fordert das Mea culpa. Die irren Greuel der Geschichte sind nur zu ertragen, sofern wir uns an einem jeden persönlich schuldig fühlen, wir sind beides: Ketzer und Verfolger und ein Drittes: schrankenlos freier Geist. Jedenfalls gaben die doctores juris utriusque Schindern und Henkern nach der peinlichen Gerichtsordnung Kaiser Karls V. vielerlei Arbeit. Die peinliche Halsordnung ist ein Abgrund an Teufelei, sadistisch noch, wenn sie begnaden möchte. Welch ein Blick auf die Welt, welch eine Erfahrung, die solche Abgefeimtheit der Strafe für unerläßlich hielt, diesen alttestamentarischen Reinigungs- und Vergeltungszorn, die Sägewut des Elias, für gerecht! Wahn steigert den Wahn: gerechterweise läßt sich nicht sagen, wo er ausgebrochen ist, denn ›alle liegen im Sterben‹. Den Hexen wurde das ›Kränzle‹ umgelegt, nachdem sie vorher vergeblich ›in Güte examiniert‹ worden waren und sich durch keine Wohlmeinung zum Geständnis hatten erweichen lassen. Jakob Kutten, sonst ›der alte Kuttel‹ genannt, gestand jedoch, daß er, als er seinem Handwerk nachzog, bei Schondorf in der Wassermühle vom

Feinde in grünen Weibskleidern verführt und zur Verleugnung Gottes und seiner Heiligen gezwungen worden sei. – Nun, eine beträchtliche Anzahl unserer Mitbürger und namentlich der Mitbürgerinnen glaubt auch heute an Hexen, an die mumia ›von Menschenblut präpariert‹, mit der Buhler und Buhlerinnen Lieb anzünden – oder fressendes Feuer. Daß es Hexen gab, ist kaum zu bezweifeln; das räumten selbst ihre Verteidiger ein, und es ist nur eine unhöfliche Wahrheit, daß auch heute Erscheinungen begegnen kann, für die eine andere Bezeichnung zu finden gar nicht so einfach ist. Es ist unmöglich, das Städtlein davon freizusprechen: man kann im hellen Tagesschein, nicht nur im Dämmer eines traurigen Januartages, wie dieser es ist, und sogar an höchst belebten Stellen, wie vor der Post, durch solche Vorkommnisse geschreckt werden, die für den Rest des Tages die abergläubische Erwartung neuen Unheils hinterlassen, – jedenfalls in ominöserem Sinne als die über den Weg gelaufene Katze. Gedanken und Wünsche bleiben Mächte, auch wenn sie sich keines Zauberbuchs bedienen; nicht ausgeschlossen ist es, daß man sie in zierliche Festgeschenke unter einer Schleife aus Silberband verpacken kann. Strindberg hat gewiß eine Wahrheit entdeckt, als er feststellte, daß man Menschen zu Tode hassen kann. Hier aber, in dem alten Hause, das nun fast ganz dunkel ist, nur ein wenig von Schneelicht erleuchtet, wohnen die Hexen nicht; sie haben keinerlei Anlaß mehr, es zu betreten. Hier ist keine Beute. Auch haben sie keinen Grund, irgendwelche Schlupfwinkel zu suchen: ihr Schlupfwinkel ist der helle Tag, ihr Schutz ist die Blindheit ihrer Mitmenschen und die Angst der Opfer. Viel schwerer also als die Unglücklichen, die das Verbrechen der Hexenprozesse auf sich luden, sind diejenigen zu verstehen, die das ganze Treiben für puren Wahn und Ausgeburt der Habsucht halten: beide, Richter und Verurteilte, trugen die Scheite zu, aber entzündet hat sich das Feuer an untergründiger Wirklichkeit.

Doch damit nicht genug: es ist heute nicht leicht zu begreifen, daß sich im Jahre 1634 die katholischen Badner und die evangelischen Durlacher bei Oos auf dem ›Blutfeld‹ erbittert rauften; so groß war der Patriotismus des Städtleins und des ihm vorgelagerten Beuerner Tales, daß Frauen und Mädchen mitzogen, den Fremersberg hinab. Wir können darüber spotten wie über den Feldzug der Gothaer gegen die Meininger, der wenigstens nur einem einzigen redlichen Leutnant das Leben gekostet hat. Wir können auch daraus lernen, wie eng, wie fest die Häuser damaligen Lebens waren.

Fast alles, was der Mensch von der Geschichte verlangt, ist der Sinn seiner Existenz, der Anschein festen Bodens, auch um den Preis, daß er sich auf diesem verbluten muß: unter Befehl wurde bisher das Schlimmste ertragen. Der wackre Markgraf Wilhelm, um den sich heute kein Geschichtsbuch mehr zu kümmern braucht, war für ein paar tausend Menschen die erste Person der Weltgeschichte; er war der Sinn. Dieser Sinn hat sich zurückgezogen in die unsichtbare Befehlsstelle, in das drahtlose Kommando, aber gottlob! er ist noch da. Es wird, gegebenenfalls, an dieser Stimme nicht fehlen.

Markgraf Ludwig Wilhelm, Vetter und Lehrmeister Prinz Eugens, stand in hellerem Licht, wenn auch bald Eugens Schatten auf ihn fiel. Er konnte zwar fern in Ungarn die Türken schlagen, aber die Heimat nicht beschützen. Die Soldaten des Generals Duras feierten hier (1689) das Fest des heiligen Bartholomäus, welcher Tag ja eine gewisse Tradition aufzuweisen hatte. Wie der Apostel wurde das Städtlein geschunden. Die Soldaten warfen, nach dem Brauche der Zeit, Pechkränze in das Kloster der Edlen Frauen vom Heiligen Grab, ließen die Flammen die Spuren ihrer Verbrechen auslöschen und vergaßen nicht, zu diesem neronischen Schauspiel und zu Ehren der armen Markgräfin im Schloßhof ein wenig zu musizieren. Es waren, wie der befehlende Offizier noch nach Jahren in seinen Denkwürdigkeiten versicherte, ›braves Incendiaires‹, ein Lob, um das wir uns heute um so eifriger bewerben. Das ganze jämmerliche Unglück des Jahres 1689 ist nicht mehr als eines der Leiden, die Menschen und Völker, die die Kreatur selber bedenkenlos sich zufügen werden bis zum Ende. An Gelegenheit, sie heimzuzahlen, fehlt es nie, und ebensowenig an dem Wahne von Stolz und Pflicht, der jede Verantwortung übernimmt.

Nun aber – um endlich zur Geschichte des Hauses zu kommen, die ohne die Geschichte der Stadt nicht zu begreifen ist – scheint das Völklein das Vertrauen zum Quellgeist verloren und die Bäder fast vergessen zu haben: je klüger die Menschen wurden, um so weniger schätzten sie die Natur. Das ›Ungemach‹, die berühmteste Herberge, war längst abgerissen. Nun verstummte die Fiedel neben den Badkisten – und nicht mehr so freundwillig wie einst wird sich eine anregende Gesellschaft zusammengefunden haben. Nur die Armut, die immer die ehrlichste Kundschaft stellte, wird den Quellen die Treue gehalten haben. Langsam schüttelte sich das Städtlein mit Hilfe der Landesväter aus dem Trümmerschutt. Aber diese zogen das prächtige Schloß des Türkenbezwingers in Rastatt dem auf nicht geheuren Gewölben ruhenden Gehäuse in Baden vor. Auch erbauten sie sich endlich in Karlsruhe eine ordentliche und übersichtliche Residenz: sie breitete sich wie ein Fächer um den Schloßturm und bot wenig Schlupfwinkel, so daß alles wie am Schnürchen hätte laufen können. – Vom Wassertrinken, von wunderbaren Heilungen ist nicht mehr viel die Rede. Und natürlich haben die Chronisten nichts zu sagen von den Alten und Verlassenen, die ihre Krüge füllten für ihr kaltes Bett und an frostharten Januartagen mit zitternden, blaugefrorenen Händen den abgenutzten Becher unter den Brunnenstrahl hielten; der mußte ihnen den Würzwein ersetzen. Sie glaubten, wie auch heute, an den Quellgeist, und sicher ist es wahr, daß er nur dem hilft, der an ihn glaubt. Das Städtlein ist in dieser Zeit leider beträchtlich heruntergekommen. Bettlerschwärme, die um so zudringlicher wurden, je weniger sie bekamen, belästigten die spärlichen Gäste. Die Betten in den Herbergen werden so schlecht gewesen sein wie die Bedienung. Wer aber die Goldstücke nicht zählte, befand sich noch immer wohl. An Getier im Wald, an Forellen im Flüßchen fehlte es nicht, und der Rhein war lange noch Hölderlins Strom.

Glück und Unglück der Quellenstadt und ihrer Bewohner wurden von der Beziehung zur Natur bestimmt. Erst als die Romantik dämmerte, als La Mettrie ausgespielt hatte und der Mensch wieder anfing, wenn auch auf gefühlsselige Weise, sich als Geschöpf in der Schöpfung zu empfinden, angewiesen auf ihre Kräfte, kamen die Geschenke der Natur wieder zu Ehren. Das Haus, das nun abgerissen wird, trägt den Namen des Meersburger Arztes, der, in der Mitte zwischen materialistischem Rationalismus und Hingabe an die unergründliche Natur, für die Wende bezeichnend ist: Franz Anton Mesmer erkannte keine Transzendenz an, aber doch wohl ein immanentes, in die Materie geschlossenes Naturgeheimnis, den leitenden kosmischen Zusammenhang. Es ist seine geniale Wiederentdeckung uralter Weisheit, daß der Kranke nicht allein in seiner Ganzheit und Umwelt, sondern als Erscheinung im Kosmos aufgenommen werden muß. Heute halten es Gelehrte für möglich, daß die Mutationen, die die stammesgeschichtliche Entwicklung tragen, von kosmischer Strahlung erregt oder beeinflußt wurde.

Die geistigen Veränderungen, die Geschichte machen, fluten durch alle Zellen. Ihre Herkunft aber ist so verborgen wie der Ursprung der Quellen: Geschichte ist durchaus unberechenbar und undurchschaubar, Rätsel vor unseren Augen, das sich als Notwendigkeit erweisen möchte in dem, was wir erleben, erleiden oder gar überdauern. Außer dem, was vom Ende gesagt worden ist: von den zwei sicheren Zeugen, dem Nachfolger Petri und den Juden, denen das Schreckliche verheißen ist, daß sie das Kreuz am Himmel sehen werden, wissen wir nichts. Insofern Geschichtsphilosophen und Theologen nur einen Schritt darüber hinausgehen, ist ihre Kühnheit jeglicher Bewunderung wert, aber der Absturz ist fast sicher. Geschichte ist eine Art Folgerichtigkeit des Irrationalen: das Paradox.

Rationalismus und Heimkehr zum Geheimnis, zum mindesten das Suchen danach, sind zu Anfang des neunzehnten Jahrhunderts als untrennbare Widersprüche fest ineinander verschlungen: der viel belachte, wahrscheinlich gar nicht so lächerliche Aufklärer Nicolai hat Novalis um zehn Jahre überlebt. So sind auch Tyrannis und Demokratie, Atheismus und Glaube miteinander verpaart: keine Form, keine Lehre besteht ohne die Herausforderung des Gegners. Schwärmerei kam damals hinzu. Man bahnte sich die Wege, die seit langem verwachsen waren, hinauf in das Felsenschloß der Zähringer, zur Yburg, der Eibenburg, und nach der Ebersteinburg, die so lange als Steinbruch war ausgeweidet worden. Man schluchzte auf Mondscheinfahrten oder -wanderungen zwischen den Trümmern. Ein so nüchterner Mann wie Goethes Großherzog, Gast im La Cour de Bade, von dem gleich die Rede sein wird, war durchaus dafür zu haben. Man hing Äolsharfen an den Waldbäumen auf, um der Stimmung nachzuhelfen, übersetzte die Schwarzwaldsagen in gefälliges Französisch, ebenso Geibels edle Sentimentalitäten, die Schumann mit einer Melodie ausgezeichnet hatte; Selbstmörder suchten sich einen malerischen Hintergrund für ihren Abschied – und zu gleicher Zeit wurden die Stadtmauern niedergerissen und dann auch das Ooser, das Beuerner und Gernsbacher Tor und der ungefüge Turm in der Nähe des Walls und des Königshofs, von dem die Sage ging, daß er noch von den fränkischen Königen stamme. Solche Romantik ließ sich noch nicht von Geschichtstabellen ernüchtern: man glaubte ohne weiteres, daß der reizende Renaissancepavillon, der bis in den Zweiten Weltkrieg die Schloß-Terrasse zierte, dann aber unschuldiges Opfer einer Granate wurde, dem Frankenkönig

Dagobert, also dem siebenten Jahrhundert, zu verdanken sei.

Für Klöster hatten die braven Landesväter kein Verständnis mehr: ihr Nutzen ließ sich nicht nachweisen. Lange schon waren die Jesuiten, die seit dem Ausgang des achtzehnten Jahrhunderts die Ehre genossen, mit Verdienst und dawider, am verhaßtesten zu sein, von ihrem stolzen Sitz verschwunden; nun mußten auch die Kapuziner ausziehen: aus ihrem Kloster wurde ein Badhotel, Ersatz für das ›Ungemach‹, und der heilige Nepomuk, der sich als Schutzherr des Brückchens über die Oos die Verehrung der Einwohner Jahr um Jahr ohne große Mühe verdient hatte, mußte sich an eine nicht in die Augen fallende Stelle des einstigen Klostergartens zurückziehen. Inzwischen hatte Cotta aus Tübingen an Goethes und Schillers Schriften genug verdient, um das Kloster der Kapuziner zu erwerben und es in eine Unterkunft für das vornehme Publikum umzuwandeln: Carl August schenkte ihr seine Gunst, Marianne von Willemer wohnte oben neben dem Neuen Schloß, Zelter wartete im Badischen Hof vergeblich auf den Weimarer Geheimrat, nachdem er noch darauf hingewiesen hatte, daß neuerdings die Badner Quelle mit Karlsbader Salz versetzt werde und also dieselbe Wirkung tue wie der Karlsbader Brunnen – und kein Chronist kann die Klage darüber unterdrücken, daß der Schwager, nach munterer Abfahrt, bald hinter Weimar umwarf und der illustre Reisende, verdrießlich und abergläubisch, auf die Badereise verzichtete und sich für diese Saison mit Thüringen begnügte, das im Großen wie im Beklagenswerten sein Schicksal war. Es reichte nur bis Tennstedt, aber erst dem pensionierten Professor Nietzsche und Frau Lou war es vorbehalten, diese anmutige Ortschaft zum Schauplatz heroischer Vorkommnisse zu machen.

Um diese Zeit hatte, wie schon angedeutet, ein kluger Badearzt die Eingebung, der auch heute in einem gewissen Verdacht stehenden Gabe des Quellgeistes mit einer an förderlichen Salzen reichen Zugabe aufzuhelfen. Die Patienten konnten beide Quellen, deren Kräfte in Flaschen konzentriert waren, genießen. Das Städtlein blühte auf. Es drang nun ernstlich vom fränkischen Ufer der Oos auf das alemannische vor. Eine Beziehung zur Zeit stellte sich wieder ein. Jean Jacques, der so schlecht Verstandene, ein tragischer Optimist und gefährlicher Verführer zum unerreichbaren Paradies, hatte die Ouvertüre der Ära gespielt, und sie schwang noch immer in der Luft. Schon in den sechziger Jahren des achtzehnten Jahrhunderts erstand auf dem Boden eines Hofgutes unter dem Friesenberg – hier, gegenüber der Maison – ein zierlich-bescheidenes Promenadenhaus, vor dem die Gäste sich unter Kastanien ergehen, wo sie speisen, spielen und tanzen konnten und gar die neuesten Zeitungen fanden. Auch siedelten sich in leichten Buden Händler an, die mit Andenken und Galanterien die Aufmerksamkeit der Müßiggänger zu erwecken suchten. Wenn die Unterhaltungsgabe nicht ausreichte und der Klatsch ermüdete, stellte sich dienstfertig das Spielteufelchen ein, das stets neue Einfälle hat. Es ist schwer zu sagen, was nun ernster zu nehmen war: das Glücksspiel oder die Quellen.

Diese Sorge machte sich auch Serenissimus, obwohl er ja nun prächtig in Rastatt oder Karlsruhe residierte. Aber in Rastatt stand es nicht so gut wie es den Anschein hatte: die ältere, die katholische Linie erlosch mit zwei Söhnen des Türkenlouis Ludwig Georg Simpert und August Georg Simpert, frommen und etwas müden Herren, deren treue Diener geistlichen und weltlichen Standes in kluger Voraussicht in dem einstmals feindlichen und andersgläubigen Karlsruhe Beziehungen aufzunehmen suchten. Die alternden, bresthaften Markgrafen nahmen es weise und dankbar an, daß der Karlsruher Vetter zweimal ihre leere Kasse mit 50 000 Gulden ausstattete, und schlossen dann den umständlichen Erbvertrag, in dem der neue Herr die gesamten Baden-Badenschen Schulden übernahm: das heißt die des Ländchens, denn der Erbe dachte nicht daran, sich mit Privatverbindlichkeiten der seltsamen, ein wenig lugubren Rastatter Vetternschaft zu belasten. Das hatte zur Folge, daß, als August Georg Simpert an der Wassersucht starb (1771) – il le faut une fois, sagte er dem redlichen Leibarzt –, sich im Städtlein eine neue Windrichtung bemerkbar machte und Petrus sich wiederum drehte.

Zwar sollten die Klöster bestehen bleiben, aber im Waldklösterchen der Franziskaner sollten nur noch zwölf Patres und zwei Fratres hausen dürfen. Die Erbitterten der alten Partei sammelten sich um die Witwe des letzten Rastatter Markgrafen August Georg Simpert, die im Badener Neuen Schloß wohnte. Unter der Regie dieser reizbaren Dame, die ein schönes Vermögen zu verzehren und zu vertun hatte, soll es zu einer höchst rechtswidrigen katholischen Verschwörung gekommen sein. Aber zum Staatsstreich kam es nicht: der hätte nicht hierher gepaßt.

Bald konnte der Karlsruher sich seinen landesfürstlichen Aufgaben widmen: der Pflege der Wälder, der Domänen und der Landwirtschaft, des Handels und der Hochschule; er kümmerte sich um Glashütte und Eisenhammer; er erbarmte sich der in stickigen Stuben von Unverstand und Väterbrauch betreuten Wöchnerinnen und bevaterte die Bienenväter; aber das ›schmähliche Benehmen der Stadt Baden‹ hatte ihn so sehr verletzt, daß er zwar ihre Privilegien bestätigte, was ja die feinste Rache war, aber erst im Jahre 1805 das Städtlein betrat. Er sei, so heißt es, mit unendlichem Jubel empfangen worden. Und das nicht ohne Grund. Längst hatte er sich von einem Kammerjunker Projekte vorlegen lassen, die dem Badewesen ein etwas lukrativeres Ansehen zu geben versprachen. Er geruhte zu äußern, daß man trachten müsse, das verspielte Geld im Lande zu behalten: man solle die Pacht des Hazardspieles einer aus inländischen Personen bestehenden Gesellschaft zuwenden. Auch solle die andere Entreprise, das neue elegante Badhotel, nicht in der Folge leicht genierenden Personen überlassen sein.

Nun, um 1809 brachte die Pacht der Spielbank 10000 Gulden, in den düstern Jahren 1812 und 1813 ein Beträchtliches mehr, und im Jahre 1822 soll das goldene Bergchen gar auf 27000 Gulden angewachsen sein. Das erlebte der ›edelste Fürst seiner Zeit‹ nicht mehr: er starb in dem schlimmen Jahre 1811 in den Armen seiner Gemahlin linker Hand, der Gräfin Hochberg, im Alter von 83 Jahren, nachdem er, wie sein Biograph etwas pathetisch sagt, 73 Jahre lang das Land Baden beherrscht und beglückt hatte. Sein Ruhm bleibt es, daß er schon im Jahre 1783 die Leibeigenschaft aufhob, und ein kleiner, ein badischer Ruhm ist es ja auch, daß er Klopstock nach Karlsruhe einlud unter Vergütung der Reisekosten, und daß er dem Ankömmling ein Fäßchen alten Markgräfler zu Weihnachten kredenzte. Der Sänger durfte die ihn häufig besuchende Hoheit in Schlafrock und Nachtmütze empfangen. Und lange Jahre danach, als der große Barde im Sterben lag, soll der princeps optimus durch seine Träume gegangen sein.

Mit seinem Wahlspruch ›Moderate et prudenter‹ hatte der Pater patriae so manchen Segen hinterlassen: er hatte viel Spinngewebe zerreißen und die verstaubten Gemächer im Schlosse im fortgeschrittenen Geschmack der Zeit verschönen lassen. Seine großmütige Gunst verbreitete neuen Glanz; Trinkhalle, Promenadenhaus, Theaterchen verschönten sich. Für kurze Zeit konnte der Markgraf sich sogar – während des Reichsuntergangs – Kurfürst nennen: eben, als es mit der Kaiserwahl aus war (1803). Die Königskrone schien ihm doch zu hoch, wenn man auch am Hofe manche Erwägungen in dieser Richtung angestellt haben mag. Aber solcher Glanz stand dem Ländchen nicht an. Im Jahre 1806 konnte der Landesherr die Untertanen mit der Ankündigung beglücken, daß sie von nun an großherzogliche Untertanen seien, und daß sie ihn künftig als Königliche Hoheit zu titulieren hätten. Aber sie räsonierten, wie sie das immer getan haben und auch heute tun, und schätzten die neue Titulatur nicht allzu hoch ein. (Manchen ging es auch nachgerade zu gut, und das machte sie unzufrieden.) Wurden sie wegen der Freiheit ihrer Rede ins Schloß beschieden, so konnten sie wohl die Meinung äußern, daß die Königliche Hoheit ebensoweit zu ihnen habe wie sie zu ihr: und das wurde zur Niederlage. Denn der würdige alte Herr zog eines Tages die Klingel in dem engen Bürgerhäuschen und machte seinen Besuch.

Unter bürgerlichem Behagen litt das Jahrhundert, wie ein jedes, an unlösbaren Problemen; sie waren Erbe, wurden umgestaltet und traten nur noch gefährlicher wieder auf. Die Französische Revolution blieb unbewältigt, unausgetragen. Einstweilen hatte sich eine herrschende Klasse herausgebildet, die sich auch der Militärgewalt bemächtigte: die Bürgerwehr wurde von schneidigen Hotelbesitzern kommandiert, die in den dreißiger Jahren eifrig zu bauen begannen: Hauptmann war der vom ›Europäischen Hof‹, Oberleutnant der vom ›Englischen‹, Führer des ersten Fähnleins der vom ›Darmstädter‹, des zweiten der vom ›Geist‹. (Als Kind erschauerte ich jedesmal, wenn ich an dem alten ehrwürdigen Gasthaus den Namen las, liegt die Herberge doch dicht vor den Grabsteinen des alten Friedhofs und dem Kalvarienberg, auf dem ich sträflicherweise herumkletterte, dem merkwürdigen Denkmal des Totengräbers und dem sagenumwobenen Kruzifix des Nicolas von Leyen, dessen Wahrhaftigkeit etwas Schicksalhaftes hat und, was die Sage meint, in jedem Falle Lebenswahrheit ist. Daß mit dem ›Geist‹ nicht ein Burg- oder Gräbergeist gemeint war, kein Gespenst, sondern der Heilige Geist, kam mir nicht in den Sinn. Offenbar war es keinem Kaplan gelungen, eine personale Vorstellung der göttlichen Geistesmacht in mir zu erwecken, und auch heute noch befriedigen mich die Schwierigkeiten der Theologen nicht, es sei denn, sie beugten sich vor der strömenden Liebe selbst.)

Aber nun veränderte sich die Szene:

> Rumbidibum, so hört mans schlagen,
> Rumbidibum, Dumdumdum bum,
> Und bei Straf ließ Weißhaar sagen
> Rings im ganzen Land herum:
> ›Tut euch schnell zusammenraffen,
> Gebt mir Mannschaft, Pferde, Waffen,
> Oder ich bring alles um,
> Rumbidibum, Dumdumdum bum.‹

Das Guckkastenlied vom großen Hecker klang nicht sanfter als der Trommelwirbel der kaiserlichen Landsknechte nach Pavia. Die allgemeine Badzeitung gönnte sich in der ersten Nummer des Jahrgangs 1849 einen melancholischen Rückblick auf die Veränderungen, die im vergangenen Jahre in den Personalverhältnissen europäischer Souveräne geschehen waren: ihre Zahl hatte sich infolge der Verwandlung Frankreichs in eine Republik und der Abdankung des Fürsten von Reuß-Lobenstein-Ebersdorf auf 47 vermindert, doch muß man den Kaiser von Brasilien aus dem Hause Braganza noch zu den Europäern rechnen: seine Krone, wenn auch nicht so ehrwürdig wie die der Reußischen Dynasten, wiegt doch deren bescheidene Hofpracht auf, und es sind doch wieder 48 Monarchien, sofern man den Herzog von Parma einschließt (der nämlich zwar alle Forderungen der revolutionären Bürger erfüllt, dann aber sein Land verlassen hatte). Auch in Modena ist es unsicher. Einstweilen, nach Radetzkys Sieg bei Custozza, sorgen die Österreicher für Restauration.

Aber die Fürsten wurden ihrer Kronen müde, oder sie fürchteten sich vor ihrem Amt: sie glaubten nicht mehr so recht daran. Ehre denen, die es nicht fertig brachten, auf ihre Untertanen schießen zu lassen: sie hätten es vielleicht tun müssen, und die Generäle taten es dann doch. Aber hier ist eine Grenze des Menschen und eine Grenze der Notwendigkeit. Allenthalben, in Österreich, Rußland, Italien,

Deutschland grollte es von Attentaten. Sechs Fürsten hatten ihre Kronen niedergelegt: Ludwig Philipp und der königliche Kavalier der Lola Montez, der Fürst von Hohenzollern, den Steuernöte erdrückten, die genannte thüringische Souveränität aus dem um Herrnhut verdienten Hause Reuß, und ihr Nachbar, der Herzog von Altenburg, dem sächsische, hannöversche, preußische Truppen und die, wie spät! brotlosen Arbeitern gewährten Taler nicht mehr helfen konnten; endlich des Kaisers Ferdinand I. schwache kinderlose Majestät, die wieder und wieder verzeihen und amnestieren, aber nicht regieren mochte und am 2. Dezember ihren Neffen Franz Joseph mit der untragbaren Last betraute, um sich fortan noch eingehender mit heraldischen Problemen zu befassen. Im Königreich beider Sizilien schlug der Re Bomba wie ein Besessener um sich; er verschmähte es nicht, seinen einstigen Ministern zuzusehen, wie sie als Galeerensklaven arbeiteten und überfüllte die stinkenden Gefängnisse, um zu halten, was nicht mehr zu halten war. Friedrich Wilhelm IV. von Preußen bezahlte den Konflikt seiner vorbildlich hohen Auffassung von Fürstentum und Geschichte mit der ihr entfremdeten Zeit und persönlichem Versagen auf tragische Weise: mit dem Zusammenbruch seiner ganzen Persönlichkeit. Wenn nicht das letzte Kapitel aufgeschlagen war, so doch das vorletzte: die Personen, die unsere Sache verhandeln sollten, kommen herauf. Mit dem Romantiker auf dem Throne in seiner beginnenden Geistesdämmernis, mit der in Prag der Vergessenheit anheimfallenden Majestät des Heraldikers Ferdinand entschwinden Schatten der Werte und Formen, die einst unabdingbar gewesen sind. Immerhin konnte die ›Allgemeine Badzeitung‹ noch eine lange Reihe normaler Todesfälle in fürstlichen Häusern verzeichnen.

Die Bürgerwehr bekam nun schärfere Weisungen; früher wurden für den Übungstag des zweiten Fähnleins drei Stunden zur Wahl gestellt: früh um sechs oder am späteren Nachmittag oder am Abend in den Trinkhallen oder in der

›Sonne‹; nun aber ordnete ein barscher Tagesbefehl des Bannerführers an, daß sämtliche Wehrmänner aller vier Fähnlein bei Vermeidung gesetzlicher Strafe zu erscheinen haben. Einem jeden Fähnlein konnte fortan ein Wundarzt beigegeben werden.

> Gagern wollt parlamentieren,
> Doch das ist nicht Heckers Art:
> ›Ich‹, sprach er, ›soll retirieren,
> Ich mit meinem roten Bart?‹
> Ach, nun hört man Schüsse knallen…

Aber die Bürgerwehr unter dem Kommando der Haute-volée, die übrigens nun nicht mehr sehr verläßlicher monarchischer Gesinnung war, hielt die Revoluzzer nicht ab. Der Aufstand war vom Verkehrswesen erleichtert worden, und die nüchtern-bescheidenen Bahnhöfe wurden Schauplatz der Geschichte. Auf dem Ooser Bahnhof strömten die Freiheitskämpfer unter schwarz-rot-goldenen Fahnen zusammen, um singend an die ›Front‹ zu fahren, gen Heidelberg. Der Pächter der Spielbank, der großzügige und kluge Benazet, nahezu ein Medici des Städtleins, ließ das Roulette ruhen und die Kasse verschließen. Ohne ernstliche Verluste eroberte die Bürgerwehr das Schlößlein Eberstein im Murgtal: der Landesvater hatte schon vorher den Rhein überschritten, gen Frankreich.

Es war Leopold, ohne Zweifel ein Mann besten Willens, dessen Standbild die Mitte des Städtleins war und erst dem Wehrbedarf des Dritten Reichs geopfert wurde. (Heute steht ein behelmter Verkehrspolizist an seiner Stelle zwischen den sich kreuzenden Fahrzeugströmen. Seine Leistungen sind zu bewundern. Aber für die alte Generation, zu der ich mich mit Genugtuung rechne, sowohl was die Jahre angeht wie das Marschgepäck, ist das Plätzchen leer, und auch das schönste Aufgebot großer Wagen, an dem es ihm keineswegs fehlt, kann es nicht füllen. Früher nämlich war noch etwas fest: der Fürst, der, ob nun irrend oder nicht, das Gute wollte und aus in ferne Ursprünge ziehender Ahnenreihe kam; der, wie es einem jeden Achtbaren ziemt, Undank erfuhr; und auf der andern Seite Einsicht, die diesen Undank wieder gut machen und gebrochene Treue verheilen wollte: das ist ein menschlich-geschichtlicher Inhalt, den die Rotation großer Wagen, mögen sie auch noch so frappante Erscheinungen vorübertragen, nicht so leicht ersetzt.)

Der Mann mit dem Stab vor dem Guckkasten hat noch mancherlei zu sagen, und die arme Frauensperson singt es mit:

> Und als Gagern war gefallen,
> Fing man leider auch am Rhein,
> Zur Bekümmernis uns allen
> Unsern edeln Struwel ein...

Die Offenburger scheuten sich nicht, die Republik auszurufen. Im Ganzen aber war es, wenigstens hier, eine vorsichtige Revolution: ein einziger Mann des Badner Aufgebots ist gefallen, doch dieser Eine genügt durchaus, um die Frage zu vertreten, die gestern zehntausend stellten, morgen vielleicht Hunderte von Millionen hinterlassen werden: die Frage an Kain. In Spörleins Bierkeller, am Torweg zur Mühle, triumphierten die revolutionären Sieger. (Ein späterer Besitzer hat diesem historischen Versammlungsort durch Erwerb eines ausgestopften Krokodils einen attraktiveren Namen verschafft: es klettert an der Wand des Eingangs dem Besucher freundlich entgegen.) Der Bierkeller sollte später, als die Gemüter sich beruhigt hatten, zum Tempel der Versöhnung werden: nachdem des Landesfürsten Leopold Königliche Hoheit sich entschieden zur neuen Zeit bekannt und der Loge ›Badenia zum Fortschritt‹ sich angeschlossen hatte, traf sich hier das Kränzchen der Mutterloge ›Leopold zur Treue‹. (Ich streife ein etwas heikles Kapitel: so manche Krone würde heute nicht mehr leuchten, wenn ihr Träger nicht längst den Thron verlassen und sich auf den Meisterstuhl gesetzt hätte. Und von geistlichen Würden, wenigstens skandinavischer Länder, kann ungefähr dasselbe gesagt werden.)

Alsbald, von Norden her, zischten kalte Strahlen in die revolutionäre Glut, die ohne Zweifel, in höherem oder geringerem Grade, auch eine patriotische Glut gewesen ist: Nassauer, Preußen, Mecklenburger, in ihrem Gefolge Württemberger, Bayern und Hessen rückten heran unter dem Oberbefehl des Prinzen Wilhelm von Preußen, des ›Kartätschenprinzen‹, der in den kommenden Jahrzehnten zum ›allverehrten Heldenkaiser‹ werden sollte, jetzt aber gefürchteter Eroberer und im stillen gehaßter Feind war; noch lastete auf ihm der Vorwurf der Hauptschuld an den Blutopfern des März 48. Im Juni des Revolutionsjahres hatte er das Oberkommando über die ›Fürstenknechte‹ übernommen, die gegen die ›freien deutschen Männer‹ in Baden und der Pfalz eingesetzt wurden: schon in den ersten Tagen, nach einem Pferdewechsel in der Mainzer Gegend, bedrohte ihn ein Attentat. Die Kugel verletzte den Postillion; das Mainzer Gericht sprach den Attentäter frei. Über Bruchsal und Karlsruhe rückte der Prinz heran; den Badnern wird das Preußenlied, das seine rheinischen Truppen sangen, mißtönig in die Ohren geklungen haben. Unter allen Umständen wollten die Freischärler die Murglinie halten: bei Muggensturm hatten sie das schwere Rastatter Belagerungsgeschütz in Stellung gebracht. Aber die Männer mit federngeschmücktem Heckerhut waren der militärischen Disziplin nicht gewachsen, und natürlich nicht einig: Struve und Brentano beschimpften einander als Verräter des Vaterlands. Während Rastatt zur Kapitulation gezwungen wurde, hatte der Prinz in dem Schlößchen Favorite bei Baden-Baden Quartier genommen: es ist das in einem See sich spiegelnde, von alten Bäumen umrauschte melancholisch-zauberhafte Kleinod, das die Markgräfin Sibylle, Witwe des Türkenbesiegers, dem Lande geschenkt hat, in seinem Innern fast ein wenig zu prächtig, ein feingliedriges Wohngehäuse aus Lapislazuli. Aber die düstere Einkehrkapelle im Park sagt ein entschiedenes Nein. (Mit Grausen sahen wir als Kinder die starren Apostelfiguren am Tische sitzen, die

Schloß Favorite

Tafelgesellschaft der Büßerin. Im übrigen sollten die Historiker auf die kleine Idylle verzichten und den Poeten und Schwärmern freien Spielraum lassen: was bedeutet das kleine Märchen schon gegen Forum und Thronsaal, Parlamente und Aufmarschplätze und die Schlachtfelder der Erde, der Luft und der Untersee, über die der Geschichtsschreiber in Staatsdiensten in immer wachsendem Maße wird verfügen können.)

Nun aber marschierte der Prinz auf das Städtlein, wo er übrigens vor zehn Jahren schon Badegast gewesen war. Es hatte kein sehr gutes Gewissen: viele der auseinandergesprengten Frankfurter Parlamentarier hatte es freundlich beherbergt. Der Kurhausdirektor Heck ergriff also eine weiße Fahne und lief dem preußischen General entgegen, der in Begleitung seiner Tochter den Graben herauffritt – wie überhaupt auf beiden Seiten die entweder militärisch oder freischärlich gekleideten Amazonen eine gewisse Rolle spielen: Madame Struve, heißt es im Volkslied, in einem geraubten Wagen / Zog auch mit ein, von vier Pferden gezogen. Die Stadt sei ruhig, erklärte Heck, und niemand sinne Böses. Aber er mußte es sich gefallen lassen, daß der General Bürgschaft auf seinen Kopf setzte.

Dann trabten, rasselten und polterten die Feinde herein: sie stellten sich auf der Allee in gewaltigen Reihen auf, und Prinz Wilhelm nahm, an der Oos heraufreitend bis in die Gegend des ›Alleehauses‹, die Parade ab. Auch der überzeugteste Revolutionär mußte sich darüber klar werden, daß wenigstens jetzt Vorsicht am Platze war. Doch hatten sich die Ooser erfrecht, den Mecklenburgern eine Haubitze zu nehmen und sie als Siegeszeichen durch den Schwarzwald zu schleppen, dem Süden des Ländchens zu, wohin sich die letzte Hoffnung der Freischärler flüchtete. Es regnete von Verfügungen und Strafen: sie waren streng und mit dem psychologischen Unverstande behaftet, der nun einmal zu erwarten ist, wenn Militär regiert. Aber selten sollte es dem Ausübenden gelingen, in der Folge die Wunden zu heilen, die sie geschlagen haben; hier ist es in einem gewissen Grade gelungen.

Ohne Zweifel war das Volk enttäuscht von denen, die ihm, wie das Lied sagt, das Himmelreich ausgerufen hatten. Die Volksballade urteilt auf das bitterste über Hecker, Struve, Herwegh und andere. Das Volk konnte die Flucht in die Schweiz nicht verzeihen:

Den Schnurren verbrennt und die Sensen verlorn,
Gelt Hecker, gelt Hecker im Schweizer Kanton.

Denn das Volk war ja bereit gewesen:

Pflästerer und Schieferdecker,
Alles, niederig und hoch,
Alles jauchzte unserm Hecker,
Als er aus zum Kampfe zog.

Und die Lächerlichkeit des Poeten zwischen den Fronten,
Georg Herweghs, der ›eisernen Lerche‹, wurde natürlich
nicht geschont:

Heckers Geist und Schimmelpfennig
Machten da den Schwaben warm:
Herwegh sahs, er fuhr einspännig,
Und es fuhr ihm in den Darm.

Einspännig wohl, aber doch mit der Amazone:

›Ach Madamchen‹ tat er sagen,
›Aus ists mit der Republik!
Soll ich Narr mein Leben wagen?
Nein, für jetzt nur schnell zurück.‹

Nun, über die politische Inkompetenz der Poeten ist kein
Wort zu verlieren. Was soll man mehr von ihnen verlangen
als einen schönen Vers, und den hat Herwegh gemacht:

Du wirst nicht hingehn wie das Abendrot,
Du wirst nicht stille wie der Stern versinken.

Im übrigen stiften die Dichter nur Verwirrung. Das gilt auch
für die Zeit, da der Flüchtling nach der Amnestie des Jahres
1866 sich im Obergeschosse der Baden-Badener Hofapotheke verkroch; Lassalle, sein Freund, war tot, aus Lassalles
Allgemeinem Deutschen Arbeiterverein, dem Anfang der
deutschen Sozialdemokratie, war der Poet wieder ausgetreten; er übersetzte Shakespeare, sogar zum Schlusse ›Corio-

lan‹, schluckte die ›ganze Teufelsapotheke‹, die ihm die Ärzte verschrieben, wird aber niemals des Heldenkaisers ohne Erbitterung ansichtig geworden sein. Sofern sein jüngster Sohn noch den Untergang Preußens erlebe, solle er auf des Vaters Grabstein die Worte schreiben: Réjouis-toi, mon père, la Prusse n'est plus.

Das war ein redlicher Haß, aber ein Sonderfall. Im Volke wendete sich die Stimmung:

> Ihr König und Kaiser, mit dem Hecker ists aus!
> Was kriegen Soldaten, wann sie kommen nach Haus?

Es war die Frage, die einen großen Unabhängigen: Arthur Schopenhauer bewegte, die Hinterbliebenen der im Kampfe mit der Revolution gefallenen Soldaten zu seinen Erben einzusetzen.

Man entschuldige, wenn möglich, den langen Aufenthalt auf dem Balkon: der ist nicht mehr ganz wirklich, eher ein imaginärer Ort, der über den Zeiten schwankt und schaukelt, sich seiner Sandsäcke entlastet, wenn die Kraft nicht mehr reicht und da und dorthin noch einen Ausblick vergönnt, der bald nicht mehr möglich sein wird. Alles gewinnt hier in höherem oder geringerem Grade einen heiteren Aspekt. Nun fällt ein Strählchen geschichtlichen Glanzes auf das verurteilte Haus – einer der Lichtstrahlen, deren Natur sehr vieldeutig ist, gemischt aus gefährlichen Wellen. Am Promenadenhaus, also an der günstigsten Stelle, hatten sich vor etwa fünfzehn Jahren Johann Baptist Messmer, Großherzoglich Badischer Kriegsministerialrat, und seine Frau Karoline, geborene Ritzinger, angebaut. Ettlingen, wo der Rat bis zu seinem Abschied gedient hatte, schien ihm zu eng; er wollte seinen Kindern ein wenig Welt und die Erziehung durch sie vermitteln. Er richtete das Haus so ein, daß er Kurgäste aufnehmen konnte: so hoffte er das verteuerte Leben im Badeort zu bestreiten. Hinter dem aus zwei Geschossen und dem Dachstock bestehenden Eckbau lag ein schlichtes, fast ländliches Hinterhaus, in das sich die Familie zur Saisonzeit zurückzog.

Auf einem Familienbild ist der Kriegsministerialrat noch zu sehn: würdig und lebensstark, mit der Brille, in dunkler Uniform, neben ihm Karoline, seine zweite Frau, unter sorgfältig gekräuseltem Häubchen, mit sprechenden Lippen, munter und witzig, hellen Blicks. Sie hat Temperament und Phantasie in die Familie gebracht, die sich in ihren Kindern und Enkeln fröhlich ausgegeben haben. Trotz des von der Königlichen Hoheit gnädig verliehenen Titels war der Kriegsministerialrat auf seiten der freien deutschen Männer, sei es nun aus Bürgerstolz oder um der deutschen Einheit willen: jedenfalls wird er mit der in Offenburg etwas voreilig geschehenen Absetzung der Königlichen Hoheit und der imaginären demokratischen Vereinigung der deutschen Länder einverstanden gewesen sein. Kein Haus konnte weniger geeignet sein, den Kartätschenprinzen zu empfangen, als Maison Messmer. Der Erbauer hatte, nachdem die Verheißung der Paulskirche zerstoben war, Flüchtlinge beherbergt und Waffen versteckt, worauf schwerste Strafe stand. Johann Baptists Zorn mag ebenso groß gewesen sein wie seine Sorge, als der Oberkommandierende der Operations-Armee sein Etablissement beanspruchte.

Was den Prinzen bewog, diese Wahl zu treffen, weiß ich nicht. Ich stelle mir gerne vor, daß es gerade die Schlichtheit des Hauses war, die ihn anzog, eine Art Wahlverwandtschaft; hier gab es keine Empiresäulen und -vasen, keinen Pariser Charme, dessen bezaubernde Reflexe um fast alle in diesen Jahren erbauten Häuser spielen. Die echte Neigung zum Einfachen hat Prinz Wilhelm ja nie verloren. – Denken wir uns weit, weit zurück in eine versunkene Landschaft, in seine Kindheit: die Störche kreisen über Paretz, dem Herrenhaus an der Havel, wo die Felder in der Sommerschwüle schwelen. Die Eltern des Prinzen flüchten aus ihrem Königsdasein in die Rolle der Gutsherrschaft, und die Erntearbeiter spielen mit, zwischen den niederen, strohgedeckten

Häusern, fern der Geschichte. Zwischen dem Dorfkrug und dem gerne von Gespenstern besuchten Friedhof ist ein wenig Freude. Der König verschmäht es nicht, mit einer Magd zu tanzen, die Königin unter dem Erntekranz mit einem Knecht: er, ein wenig steif und schweigsam (ach, wie gerne wäre er nicht, was er ist!), sie in sprühender Fülle, überschäumend, die volle Rose, die nicht mehr hat als einen Sommertag. (Ich war kurz vor dem Untergang noch einmal dort, mit heute längst Verstorbenen; noch wehten und rauschten leise die verblaßten Bänder, die die Sommerhüte der Königin schmückten, so wie der Küster ›rauschen‹ sollte mit dem roten Band an der Harfe Höltys:

> Die Kinder, hergelockt vom Kirchhof,
> Hörtens und sahn, wie die Kränze bebten.

Der Friedhof aber war, wie gesagt, unheimlich. Arbeiter in weißen Kitteln schaufelten von einem Wagen herunter, Erde zu Erde, Fleisch zu Fleisch, und am Himmel stand Sturm, und wir drängten uns in den kleinen Wagen, die Exzellenz und die Frau Gemahlin, eine der großen Damen der alten Zeit, une des Dames du temps jadis. Mais où sont les neiges d'antan? Samt dem wußligen, mißlich riechenden Hundetier, derengleichen der freundlich Eingeladene eben in Kauf nehmen muß, suchten wir ohne zu großen Anstoß Platz zu finden, und wir fuhren eilig ab, ›heim‹ nach Potsdam. Und wer mag nun sagen, wohin der Sturm die Harfen und Sommerhüte und Bänder getrieben hat!) Adlige Schlichtheit war des Prinzen Wesen, sein Glaube an Fügung seine Kraft, geleisteter Gehorsam die Voraussetzung des Befehls, seine tragische Schwäche die Heiligung des Kommandoworts. Aber zur Objektivität war für Johann Baptist in diesem Augenblick wenig Anlaß: man kann sich den Einzug des siegreichen Oberkommandierenden nicht ohne die Begleiterscheinung einer gewissen militärischen Brutalität oder wenigstens Verschlossenheit vorstellen. Sie waren gewiß gemildert von der weltmännischen Haltung des Grandseigneurs, als welcher der Kartätschenprinz in freilich etwas knapper Uniform in der Geschichte steht; ritterliche Herzenskultur war ihm eigen.

Es hätte einen gewissen Reiz, sich eine Szene auszumalen zwischen Johann Baptist und Karoline: sein Zorn und Haß, die knappen Befehle draußen, die Sorge, die Angst, wenn feste Schritte sich näherten, Nachrichten von Haussuchungen, Verhaftungen, Gerüchte von Exekutionen. Hat ihm Karoline Vorwürfe gemacht? Hätten sie nicht besser getan, sich ausschließlich der Maison zu widmen und die Welt laufen zu lassen? Es war doch ein ganz leidliches Leben, ohne die hohen Herren ging es nun einmal nicht. Und was lag daran, daß die Deutschen sich zusammenfanden, wenn das Ländchen Schaden litt? Jedenfalls rettete die anmutige Frau die Situation: sie soll sich dem Prinzen zu Füßen geworfen und Gnade erbeten haben. Das Quartier wurde zur Herberge, und die war erwünschter als ein Hotel. ›Als Feind bin ich zu Ihnen gekommen‹, sagte der Gast beim Abschied, ›das nächste Mal werde ich wiederkommen als Freund.‹ Es war der Anfang einer vierzigjährigen Freundschaft mit dem Hause. –

> Manche Sense war zerbrochen
> Und erschossen mancher Mann,
> Die ich nicht all nennen kann.

Beschließen wir das bittere Jahr traurigster Kämpfe und der Enttäuschungen: es ist Allerseelentag; auf dem Friedhof in Durlach bekränzen die Soldaten der dort liegenden fünften Kompagnie des 30. Infanterieregiments die Gräber ihrer Kameraden. Ein preußischer Offizier ohne Abzeichen tritt, begleitet von seinem Reitknecht, vor die Kreuze, von denen die Trauernden zurückweichen. Er betet. Nun erkennen sie den Prinzen, der das schwere Kommando führte.

Es ist fast ganz dunkel geworden. Das Städtchen ist nur noch fahler Schein. Ich gehe ins Zimmer zurück. Die Dielen, die in fernen Wintern, wenn das Haus geschlossen war, unheimlich knackten, regen sich nicht mehr, und sicherlich sind auch die Ratten, die in der guten Zeit über alle Verfolgung triumphierten, seit langem ausgezogen. Das Schiff sackt unwiderruflich ab. Es ist auch nicht das mindeste Denkmal geblieben. Ich taste mich durch die Dunkelheit, lehne mich zu der steinernen Hintertreppe hinab. Einmal ist hier ein Knabe auf und ab geeilt, Stunde um Stunde, in Erwartung eines Freundes, der niemals kam; unglücklich und dem Hause sich entfremdend, in das er niemals paßte; vor den Blicken der Gäste und der Angestellten fliehend und ihnen doch ausgeliefert, eine ganz einsame Existenz in der Herberge und doch im Vaterhaus, eigentlich fast ohne Vater und Mutter und im ersten Jahrzehnt des Lebens überantwortet der rücksichtslosen Fremdheit der Welt und doch hier ›zu Hause‹, und nur hier – bis sich sachte, nach oben hin, der Raum öffnen wollte.

Das ist das Haus Deines Lebens, das nun abgebrochen wird, dies ist die Zeit, aus der Du kommst, an der Du hängst, mit der Du nichts mehr zu tun hast – allenfalls Pfeifer von Rappoltsweiler, ohne den Schutz der Zunft und des Königs-Spielmanns –, Umgetriebener, dem nichts gegeben wurde als eine kaum mitteilbare, eintönige Melodie. Über dem Hofe dunkelt der Garten der Kindheit mit den kahlen Kronen der Platanen, den schwer sich regenden Wipfeln der Fichten, die höher über die beiden Villen und das Wald- und das Schweizerhaus gewachsen sind, und vielleicht steht der Dornbaum noch, der ein Gehege spitzer Dornen aus der Rinde trieb: eine halb verstandene Mahnung an die Leidenskrone der Welt. Und wenn das Haus nicht Dein Reich war: die Räume waren es wohl. Schmerzen hast Du um all das nicht zu leiden. Für Besitz bist Du nicht geschaffen, und es ist gut, daß es immer leichter wird und daß auch die Erinnerungen ihr Gehäuse verlieren. Du bist da, um zu sehen, wie gewissermaßen ein Zeitalter abgeräumt wird – natürlich war das Haus nur seiner Epoche höchst bescheidener Ausdruck. Aber in einer Zeit entsteht ja nichts, das nicht die ganze Zeit in sich trägt, und ein jeder Mensch, auch der stumpfeste, nur auf sich selbst gewendete, in sich selbst verkrümmte, trägt in sich den Keim der ganzen Zeit, auch wenn dieser unentwickelt bleibt, weil er nicht in Wechselwirkung mit dem Außen gebracht wird. Wie morsch ist das alles: es ist, als rinne Sand durch die Wände und das Balkenwerk ist feucht. Aber der ein wenig schwerhörige Kulissenmeister Ackermann mit dem breiten graumelierten Bart wird doch einige Mühe haben, bis das neue Bühnenbild steht.

Wie eilfertig, immer nach Trinkgeldern schielend, standen die Pagen auf der Treppe; die Zimmermädchen belauerten die Gäste, ob sie kamen oder gingen oder gar den Versuch machten, unbemerkt abzureisen. Mein Vater im langen schwarzen Frack eilte den Gästen voraus, die Zimmer zu zeigen. Die Klingeln schrillten, aber es war ein weiter Weg zum Telefon: in den Zimmern war noch keines angebracht. Die Ober keuchten die Treppe hinauf mit den schweren Tabletts; sie glitten auf den mit Eisen beschlagenen Kanten der zur Küche hinabführenden Stufen aus und versuchten vergeblich, die Fettflecken von den Revers und Manschetten zu tilgen. Ach, das Haus hat viel Jammer gesehen – und es wäre eine lächerliche Anmaßung zu behaupten, daß die Gäste sich immer glücklich gefühlt haben und fanden, was sie suchten, oder etwa, daß der Quellgeist mehr Segen brachte als vorzeiten der Dämon des Roulettes; daß der Badearzt immer das Rechte traf – wenn es auch immer wahrscheinlich ist, daß er die Wahrheit sah und nicht sagen wollte. (Denn der Tod und der Engel, auf den man nicht hoffen konnte, erscheinen oftmals Hand in Hand.) Über dem allem, über Liebesgeschichten, die sich hier anspannen oder sich verwirrten und zerrissen, dem Geheul des Zimmermädchens, das gestohlen hatte und seine Unschuld beschwor, dem Unglück des Küchenmädchens, das von einem Kellner betrogen worden war, der Messerstecherei eines Hausburschen mit dem wilden elsässischen Geschirrwäscher unten hinter dem Heizkessel, liegt Schweigen wie über den ›Großen Dingen‹: den Verhandlungen der Fürsten, Minister und Diplomaten, den Konferenzen des kronprinzlichen Generalstabs, der kurz vor Sarajewo etwas verdächtigerweise hier tagte, der Künstler, Gelehrten und Industriellen. Was Kuno Fischer hier schrieb, wird nicht mehr gelesen, und nicht viel anders steht es mit Gustav Freytag und dem emsig arbeitenden Strindberg-Übersetzer Emil Schering.

Die Platte aus schwarzem Marmor an der Terrassenwand, die in einfachen Worten die Geschichte der Maison erzählte, ist nicht mehr aufzufinden. Es ist auch zu dunkel, und was liegt daran, daß Johann Baptist und Karoline im Jahre 1834 hier zu bauen begannen, daß ihr Sohn Wilhelm nach dem Tode der kaiserlichen Herrschaften das Haus zum Hotel erhob, auf die Höhe des Geschmackes seiner Zeit. Längst schon, mit der ersten Inflation, schwamm das Gästebuch fort, das freilich nicht uninteressant wäre auch heute, wenn auch viele Steine ihren Glanz verloren haben und der Namenszug der Fürsten ausnahmslos nichts mehr gilt. Aber es standen auch Namen darin, die noch gelten, vielleicht morgen wieder etwas gelten werden, was freilich eine etwas bedrohliche Voraussage ist. Denn was Europa war, kann nicht zurückgewünscht werden, und die Versuche, mit Gewalt die Imperien zu halten, kosten den Rest der Autorität. Europa müßte über die tückischen Erfindungen letzter Konstruktion frei verfügen können, um das Unglück der Welt eigenen Willens weiterzutreiben: dieses Unglück, das doch bisher unser Leben war, ein faszinierendes Leben. Schwerlich wird es uns gelingen, die Machtgestalt unseres Zeitalters zu beenden: wir beendeten denn das Zeitalter selbst, seine Denkwelt und Denkweise. Auch unter solchen Umständen und nach der Exekution Preußens würde ich etwas geben für den ins Gästebuch geklebten breiten Umschlag, den Bismarck in seiner großartig-stürmisch-herrscherlichen Handschrift an des Kaisers Majestät in dem verurteilten Haus adressiert hatte: er wohnte im ›Englischen Hof‹, vor der Promenade, der weit vornehmer war – und wo ich für diesen Winter selbst Zuflucht gesucht habe. Doch ist er hier häufig zu Besprechungen und Audienzen erschienen, deren einige zu den dramatischsten seines Lebens gehören. Er ist der eigentliche Gestalter, Träger der Ära, die das Haus einst erfüllte: ihr ins Dämonische gesteigerter Repräsentant. Und so könnte ich mir einbilden, daß er das Haus noch einmal besuche, daß unten sein schwerer Schritt zu hören sei, das Knirschen des Leders; daß sein Gesicht erschiene, fahl, zuckend vom Spiel der Nerven, zerklüftet von politischer Leidenschaft, Erbitterung, Zorn. Die Revolution hatte ihn gerufen; er ist gleichsam ihr Sohn, geboren zu unversöhnlicher Gegnerschaft und doch ihr verwandt – und nach dem Tode von ihr besiegt. Ich werde nicht von ihm loskommen, solange ich hier sein werde.

Und nun gehe ich die Treppe noch einmal hinab; die Arbeiter sind längst gegangen. Ich lasse die Portaltür angelehnt: das einst so sorgfältig bewachte Schloß ist nicht mehr in Gang zu bringen – hier ist nichts mehr zu holen. Von den vielen tausend Flaschen französischen Rotweins, die im Keller lagen, ist keine einzige mehr da, und schon in meiner Jugend waren die Fässer leer, über deren Spund verführerische Genien lagen oder weinlaubumkränzte Masken lachten.

Ich blicke zurück. Es ist, als ob Rauch aus dem Kamin stiege, wie kann das sein? Ohne Geländer, auf den vorragenden Tragsteinen starrt der Balkon in die Luft: die Gondel des Ballons vom Peter-und-Pauls-Tage, von dem ich, gemäß der naiven Wissenschaft der ersten Luftschiffer, die Sandsäcke der Erinnerung abzuwerfen suchte. Und nun belebt sich der Balkon mit aufgeregten Schatten, die mühelos durch die Scheiben treten, und schwache Lichter fliehen die Fensterreihen hinauf. Und nun ist er deutlich zu sehen, der gütige ›Heldenkaiser‹, sein lichtes Haupt, seine hohe schmale Gestalt. Nein, er ist es noch nicht. Es ist noch des Königs von Preußen Majestät, denn wir schreiben den 14. Juli 1861, und heute morgen ist Unerhörtes geschehen: draußen an der Klosterwiese, zwischen dem Hirtenhäuschen und der Abtei der Ehrwürdigen Cisterzienserinnen, als die Majestät, auf dem gewohnten Spaziergang, eben dem preußischen Gesandten Graf Flemming begegnet war und ihn eingeladen hatte, sich ihr anzuschließen, kam ein junger Mann hinter den Herren her. Statt sie zu überholen, blieb er höflich grüßend am Wege stehn, und als sie gerade vorüber waren, fiel ein Schuß, der fehlte, der zweite streifte den Hals des Königs und riß die immer sorgfältig angelegte Binde weg. Auf die etwas sonderbare Frage des Grafen Flemming, wer geschossen habe, antwortete der junge Mann, der sich keine Mühe gab, seine Pistole zu verbergen: »Ich, auf den König!« Im Hirtenhäuschen konnte der nur leicht Verletzte verbunden werden. Dann setzte er den Weg bis zum Kloster fort, wo Ihre Majestät mit dem Wagen eintraf, sicherlich in höchster Erregung, während Wahrheit und Gerücht durch die Stadt liefen.

*König Wilhelm mit dem Ministerpräsidenten von Bismarck
auf dem Wege nach Baden-Baden*

Der Attentäter, Oskar Becker, war deutsch-russischer Abkunft, kein Nihilist, ganz im Gegenteil ein ungeduldiger Patriot, derengleichen unter Umständen gefährlicher als die Nihilisten sind. Er konnte die Einigung Deutschlands nicht mehr abwarten und hatte sich entschlossen, den König zu exekutieren, vermutlich auf Befehl des Hegelschen Weltgeistes, weil König Wilhelm, nach Beckers Meinung, nicht imstande war, die ihm zugefallene geschichtliche Aufgabe zu meistern: es ist ein Motiv, für das mancher Zeitgenosse – nach Kundgebungen zu schließen – sich erwärmen könnte, ohne natürlich das Verbrechen zu billigen. Wie im sechzehnten und siebzehnten Jahrhundert die Menschen zu Narren wurden über der religiösen Tragödie, so im neunzehnten über der politischen und sozialen. (Für die zweite habe ich jedes Verständnis: erst im Jahre 48 wurde die unerhörte Forderung erhoben, statt des 14- und 16-Stunden-Tages den 12-Stunden-Tag einzuführen. Bisher habe ich keine Proteste unserer Klassiker und Humanisten gefunden gegen die Arbeit der Kinder, die in den Fabriken eingesperrt waren und da auch ›verpflegt‹ wurden; nur Gottfried Keller hat das einmal gewagt – eh er Ratsschreiber wurde. (Was hier als Selbstverständlichkeit hingenommen und verschwiegen wurde, bedeutet vom Ethischen, sofern es möglich wäre, abgesehen, Zerstörung der Substanz.)

Übrigens begnügt sich ›L'Illustration de Bade‹ in der aktuellen Nummer 7 vom 18 Juillet 1861 mit einer Andeutung des Vorfalls, ohne den Attentäter zu nennen oder die Tat zu schildern: warum eine Sensation erregen und das auf so erfreuliche Weise aufblühende Bädchen in Verruf bringen? Die Einwohner wissen es doch. Nur der Brief, in dem Seine Majestät sich beim Bürgermeister bedankt für die Anteilnahme der Stadt und Bevölkerung, ist abgedruckt, er ist von Schrecken und Entsetzen durchzittert: ›A l'occasion de l'horrible attentat dirigé contre moi et que la main protectrice de la Divine Providence a miraculeusement fait échouer…‹

Und dann ist zu sehen, wie die begeisterten Einwohner im Lampenschein unter dem Kaiserbalkon vorüberziehen und huldigen und danken: Vive le roi! Und zugleich kann man erfahren, daß alles in der gewohnten Ordnung weitergehen soll: ›Le Roi Guillaume est à Bade depuis le 10 juillet. Bade est la campagne qu'il préfère, et le pays lui est doublement cher, parce qu'il y trouve le calme de la vie de famille. Son existence de tous les jours est celle de tous les baigneurs, il n'a ni cour ni escorte, et le public le protège dans ses promenades de la plus scrupuleuse discrétion. Le Roi paraît éprouver un grand plaisir à vivre dans cet incognito de délicate convention. Il parcourt souvent les salons, il suit avec intèrêt les concerts et se montre très empressé à applaudir et à féliciter les artistes.‹

Das ist aber die letzte Nacht, in der das geliebte Domizil noch einigermaßen besteht: Seine Majestät steht auf dem Balkon, aufrecht, mit einem leichten Verband um den Hals statt der korrekten Binde, Ihre Majestät steht daneben, als müsse sie den Gatten schützen, stolz, bleich und schmal und nicht gewillt, ihre Empörung zu verbergen. Ein jeder Rechtschaffene, und dazu gehören die 48er gewiß, hat eine Fackel ergriffen, und der Gerettete dankt mit dem Lächeln reiner Menschlichkeit, das kein Schauspieler der Macht und Herrschaft nachahmen kann – und das Autorität haben wird, solange noch Echtes im Menschen lebt. Und nun erscheinen sie alle, die hierher gehörten, – heute gilt ja keine Zeit mehr, sie entschwindet mit dem Ort, und alles Gewesene und Geschichtliche zieht sich im Nirgendwo zusammen; alle Erinnerungen sind unruhig geworden. Wrangels verschmitztes Gesicht ist zu sehen; ein wenig zu gut verstand er sich auf populäre Originalität, aber der Volkswitz zahlte es ihm heim: seit er die Kammer gesprengt hatte, hieß er der ›Kammerjäger‹. Im Schatten bleicht Moltkes geprägtes Profil. Ob er noch die Schrecken des Siegesfeldes sieht von Königgrätz, den Offizier, der ihn anfleht, ihn totzuschießen, die vergeblich arbeitenden Krankenpfleger, das Gewirr der

66

*Fackelzug für den König von Preußen
nach dem Attentat am 14. Juli 1861*

Pferde- und Menschenleiber, dem niemand helfen konnte?
Und dort, im linken Fensterbogen steht Roon, aufschießen-
des Feuer des Zorns, des Ehrgeizes im Herzen und doch sich
zwingend unter die Berufung, den Dienst; in der Mitte der
Gewaltige, der Lenker des Spiels, dem Scheine nach für ein

67

paar Jahre Herr der Zeit, voll Ungeduld, immer im Streit mit der eigenen Tat, fast schon entschlossen, sie umzuwerfen. Er blickt in liebender Verehrung auf den Herrn. Aber meint er des Herrn Sache wirklich, ist er im Geheimen nicht längst Selbstherrscher geworden, der seine Treue als Zepter gebraucht hat? Um ihn ist es einsam. Er ist aus einem fremden Element, und wie viele Häupter nun auch noch aufleuchten, Fürsten und Staatsmänner, der edle, wohlmeinende Johann von Sachsen, ein Vornehmer der alten Ära, und Friedrich, der junge Großherzog, der hier in der Maison um die Tochter der Majestät freite, gütig und bewußt, einer der schönen Männer der Zeit, wie der Kronprinz Friedrich, der dem Hohen Herrn manchen Kummer verursachte, wie viele ihrer auch sind, nicht einer wird Ruhm und Macht des Kanzlers ohne Besorgnis, ohne Neid sehn.

Der Kanzler kennt seine Feinde, er glaubt sie zu kennen. Und wenn er sie in der Gewalt hat, so wird er sie vernichten: das ist Pflicht. Ihm sind die Worte des 149. Psalms ins Herz geschrieben: ›Die Heiligen sollen scharfe Schwerter in ihren Händen haben, daß sie Rache üben unter den Heiden, Strafe unter den Völkern.‹ So hat auch Cromwell gedacht, im Namen Gottes Revolutionär, der das erste Königshaupt fällte. Anders als die Majestät heute morgen ging Bismarck mit dem Attentäter um, der Unter den Linden, an der Ecke der Wilhelmstraße auf ihn schoß, kurz vor Ausbruch des deutschen Krieges (7. Mai 1866). Er griff ihm an den Hals, faßte die rechte Hand, die die Waffe hielt, würgte ihn. Noch hatte der Unglückliche die Kraft, mit der Linken zweimal zu schießen, dann brach er zusammen unter der gewaltigen Körperkraft seines Gegners. Zu Hause, in den ›Täglichen Erquickungen für gläubige Christen‹, strich Bismarck die Worte an: ›Ihr müßt gehaßt werden von jedermann um meines Namens willen.‹ Daneben schrieb er die Jahreszahl des Attentats. Wirklich? Um Seines Namens willen? Oder um des Königs? Und doch ist der Gewaltige ohne dieses Ereignis nicht ganz zu verstehen. Wie der König seit der Erfahrung des Morgens sich in einem tief persönlichen Sinne unter Gottes Fügung erkannte, so der Kanzler, aber in einem viel weiterreichenden Sinne. Er war der Auserlesene, Gericht zu halten, war unzerbrechliches Schwert.

Bismarck und Roon

Hier aber, in Baden, pflegte man den Hohen Herrn zu bearbeiten, namentlich die fürstlichen Damen suchten ihren Einfluß zu nutzen; der Kanzler sah einen jeden als Feind an, den die Gunst Ihrer Majestät auszeichnete. Zum Waffengang war er bereit. Als er sich vom österreichischen Gesandten am Frankfurter Bundestag beleidigt fühlte, war er augenblicklich zum Duell entschlossen: nein, nicht erst draußen im Bockenheimer Wäldchen, vielmehr hier, im Garten. – In Baden meinten die Damen rechte Gelegenheit zu haben, die Majestät einzuschüchtern, von ihrer Berufung, von Bismarck abzubringen mit Erzählungen von Königsmördern, von Königen auf dem Schafott. Nun, entgegnete Bismarck, Karls I. Tod war würdig, des Lebens wert. Aber dieser Todfeind der Revolution, dem das Unvermögen, die soziale Forderung zu befolgen, zum Verhängnis werden soll, ist selber ein Aufsässiger, ist, aus der Erbschaft seiner Herkunft, Frondeur. –

Die Revolution ist im Grunde eine aristokratische Idee. Daran ändert es nichts, daß sie die Aristokratie in den Untergang reißt, denn von ihr wurde sie eröffnet, vom Adel, der sich selbst bekämpft um des Adels willen. Der Gewaltige wäre bereit gewesen, die Fackel in den eigenen Tempel zu werfen. Er war in solchem Grade tat- und werkbesessen, daß er auch fähig sein mußte, zu zerstören: es gibt kein bedeutendes Gestaltungsvermögen, das nicht mit der Tendenz zur Zerstörung verbunden wäre. Selbst das Evangelium ist Rettung und Zerrüttung der Welt; jegliches Wissen hat einen tödlichen Aspekt. Der Hohe Herr klagte einmal darüber, daß Ranküne des Kanzlers vorherrschender Charakterzug sei. Hatte er unrecht? Aber Bismarck, dessen nervige, bebende Hände die Zügel nicht losließen, wußte doch immer: das Erreichte ist nichts – ist ›auch‹ nichts. Und was mag dieses ›auch‹ umschließen! Die ihm verhaßten Rivalen, seine Nachfolger werden erkennen: es bedeutet nichts, an seinem Tische zu sitzen in der Reichskanzlei. Das ist seine Rache, daß er ihnen diese Erfahrung hinterläßt, ist Gerechtigkeit. Ihn befestigt der Prediger in der Verachtung der Welt, während er das Spiel forttreibt, die Wahrheit als List gebraucht, aber keineswegs die ganze, und in mächtigen Erschütterungen, handelnd und leidend, immer erwidernd, die Zeit lebt, zur Zeit wird und ihrer Machtgestalt, deren künftige Zerstörer schon Zeitgenossen sind. –

Fast ist es belustigend, Franz Liszt, den feurig-sanften, vergötterten Abbé, auf dem Balkon zu bemerken. Ihre stolze, empfindliche Majestät ehrte ihn mit einem Frühstück in der Maison; der Geehrte selbst, eine gewollt weihevolle Majestät der Kunst, dürfte unter der Maske seiner Berühmtheit einen frühen Ernst, eine Leistung verborgen haben, von der vielleicht heute nur noch Kenner wissen (ich zähle natürlich nicht dazu). Und der ehrgeizige Schwiegersohn hätte dem schwerlich zugestimmt. Ihn, den großen Zauberer aus dem Venusberg, der eigens einer Audienz wegen aus Paris gekommen war, empfingen Ihre Majestät nicht in der Residenz: sie geruhten ihm ›zufällig‹ außerhalb des Hauses zu begegnen, und so gehört er nicht hierher, so wenig wie seine Melodie. Aber Schwenninger, der selbst Bismarcks Willen gewachsen war, ihm Ruhe verschaffte und den Wein reduzierte, müßte zu finden sein – in meinen frühen Jahren bin ich vor ihm erschrocken –, und deutlich zu erkennen ist das volle, lebensfrohe Gesicht seines Kollegen, des klugen Badearztes, der höchstes Vertrauen genoß; mit Bombast von Hohenheim hätte er sich eigentlich verstehen müssen, sofern sich die Täuschung halten ließe, daß über Jahrhunderte hinweg irgendein Verständnis möglich sei. Er, ein Menschenkenner, hielt es für richtig, Ihre Majestät im zweifelhaften Genusse ihrer Krankheit zu lassen; diese nicht zu leicht zu nehmen, es aber auch nicht mit ihr zu übertreiben. Krankheit ist eines der wirksamsten Mittel der Herrschaft, im besonderen Sinne für die Frau, die, weit begünstigter als der Mann, diese drei Möglichkeiten hat: Klugheit, Schönheit, Krankheit. Die Synthese wäre unwiderstehlich. Wieviel mehr vermag der Kranke durchzusetzen als der Gesunde! Auch beanspruchte die Majestät, wie ein Jeder, das natürliche Recht des Menschen, sich zu beklagen und dann und wann den leidensvollen Aspekt des Daseins zu vertreten. Der Arzt suchte auch diejenigen zu trösten, von denen er wußte, daß ihnen nicht zu helfen war: vormittags die Vornehmen, gegen ein mäßiges Honorar, nachmittags die Armen. Seine natürlichen Verbesserungen der Heilquelle, die dem Quellgeist wahrscheinlich ein Ärgernis waren, wurden auch von einigen seiner Nachfolger geschätzt. Das Städtlein hatte allen Grund, ihm, als einzigem Vertreter der Heilkunst, ein Denkmal zu setzen. Wie so viele Dankeszeichen scheint es im Undank der Nachwelt untergegangen zu sein.

Kurpromenade

Und nun erscheint, nahe der Kaiserin, eine helle Gestalt: es
ist die älteste Schwester meiner Mutter, der die Huld zuteil
geworden war, von der Majestät als Patenkind angenom-
men zu werden und ihren Namen zu tragen. Sie hat diese
Ehre gewahrt durch ihr ganzes langes Leben: eben erst ist
die traurige Novembernacht vorübergegangen, da sie im
Alter von zweiundneunzig Jahren erlosch, und es ist sonder-
bar, daß gerade in dieser Nacht meine Wanderschaft mich
wieder vorübertrieb, und ich im Nachbarhause schlief –
(wahrscheinlich schlief ich nicht, es war schlimme Zeit). Am
Morgen sah ich die Vollendete auf dem Totenbett, schnee-
weiß gekleidet, entkörpert, mit winzigen Röslein besteckt,
durchsichtig umschleiert. Sachte, in der Verborgenheit, war

sie der Majestät im Gange ihres Lebens ein wenig ähnlich geworden. Was vermögen Namen und Patenschaft! In ihr wirkte die Zeit noch fort, die als Balkon in der Luft schwebte; so war es in der Ordnung, daß sie vor dem Vaterhaus hinging: erst die Akteure, dann der Schauplatz. Den Abbruch hätte sie nicht mehr wahrgenommen. Ein milder Schleier umfing sie in den letzten Jahren, ohne sie zu zerstören oder auch nur zu beschatten. Tote waren ihr wohl näher als Lebende und Lebende unsagbar fern. Nie sprach sie von dem, was sie getan, gerettet, durchlitten hatte. Ihre klare großzügige Handschrift hatte sie sich bis gegen das neunzigste Jahr bewahrt. Sie lebte in dem Zwischenreich, das die gnadenhafte Gestalt des Abschieds ist: von außen dringt nicht mehr viel herein; nur das buschige Hundchen war noch da, das sich zu ihren Füßen legte und an jenem Novembermorgen verzweifelt vom Stuhle sprang und durchs Zimmer lief und suchte, was in der leichten Hülle nicht mehr war. Im Innern lebte wahrscheinlich ein Licht. Unter der Verehrung der Jungfrau hat sie ihre lange Pflicht getan. Sollte sie aber nicht, in der Sphäre der Schattengespräche, die wir nicht kennen, in die Maison zurückgekehrt sein Tag um Tag, Nacht für Nacht, im höchsten Alter Kind verehrter Eltern, blühendes junges Mädchen, beglückt von der Einladung Ihrer Majestät nach Berlin?

Da ist auch der bucklige alte Friseur, der täglich ins Haus kam, mit dem spitzen weißen Bart und dem klugen Kopf, bescheidentlich auf der Seite und doch ein wenig spöttisch; unter dem Mantel trägt er in einer abgegriffenen Ledertasche die Brennschere, Haarnetze und was etwa sonst zur Bereicherung und Vollendung weiblichen Haaraufbaus nötig ist, in der rechten Hand hält er den runden steifen Hut, aus dem sein lichtbraunes Seidenäffchen guckt. Jeden Morgen, zum Zorn meiner Mutter, kam er eine halbe Stunde zu spät. Aber er war unentbehrlich, der Tag hing von ihm ab. Sein Monatssalär betrug zehn Mark. Mehr als drei oder vier Kundinnen mag er kaum gehabt haben; wie er sich und das

Äffchen durchbrachte: das bereitete seinen Mitmenschen geringe Beschwerde. Von Mittag an hatte er nichts mehr zu tun; er kaufte sich seine Salatköpfe, Rettiche und ein wenig Wurst, und nachdem er sich damit beschäftigt hatte, setzte er sich bei gutem Wetter mit dem Äffchen, das immer fror – unser viel gerühmtes Klima war ihm nicht mild genug –, auf eine sonnige Bank in der Allee. Er war, vom Leben getrennt, ein heißer Verehrer weiblicher Schönheit. In fernen Zeiten soll er Friseur am Dresdner Hoftheater gewesen sein – und das war eigentlich schon ein Mißerfolg, denn vorher hatte er studiert, ich glaube Medizin; eines mir dunkel gebliebenen Vorfalls wegen hatte er abbrechen müssen. Aber als Theaterfriseur hatte er sich Erinnerungen erworben, die ihn in seiner Einsamkeit entzückten. Und so saß er gelassen in der Allee, mit dem Äffchen auf dem Schoß, dessen zierliche Existenz nur von wenigen bemerkt wurde. Sein Herr begnügte sich, auf der Bank des Betrachters, mit dem Anblick vorüberwandelnder Anmut oder der Eleganz in den Wagen. Er war kritisch und gab nicht so leicht seinen Beifall. Bücher las er nicht mehr: seine zuschauende Philosophie genügte ihm durchaus. Er glaubte weder an die Unsterblichkeit der Menschen noch der Tiere und erlaubte sich höchst freimütige und des öfteren Ärgernis erregende Anmerkungen über Religion und Kirche. Schließlich erlag das zitternde Äffchen dem Klima der Kurstadt: unter einem rotblättrigen Zierahorn vor der Trinkhalle, der im Winde wie das Äffchen schauerte, hat er es begraben, in der Gegend etwa, wo die nicht mehr aufzufindende Büste des Badearztes stand. – Im Laufe der Jahre wurden seine Verpflichtungen immer geringer. Er setzte sich an sein Dachfenster und beobachtete durch den Operngucker, den er wohl noch aus Dresden mitgebracht hatte, das Tun und Lassen auf der Straße. Wenn er ausging, hatte er stets etwas in der Tasche seines Capes, das den Amseln, Spatzen oder Schwänen Freude machte. Rechtzeitig, einige Jahre nach dem Äffchen, hat er seinen Abonnentenplatz im vierten

Rang aufgegeben, zwischen den Kriegen und ohne Aufsehen zu erregen, wie sein in Treue betrauerter Pflegling auch, der aber doch würdig begraben wurde, was von dem Pfleger nicht berichtet werden kann.

(Ich widme ihm dann und wann eine Stunde der Erinnerung in einer bescheidenen Bierwirtschaft, von der aus man sein Dachfenster sehen kann. Niemand stört mich darin, außer daß der muntere junge Wolfshund mich besucht. Er ist reizend, aber er läßt leider das rechte Ohr hängen, welche Nachlässigkeit einen Schatten auf seine Eltern wirft. Der Alte da oben hätte sich sofort mit ihm angefreundet und wahrscheinlich eine Wurst gekauft, um ihm die Haut zu schenken. Welche Einsamkeit da oben in der Dachstube – all die Gedanken, die Abrechnung mit dem Ich und der Welt! Es ist kalt, und der Schlaf kommt spät, und das Äffchen ist krank; es jammert und will nicht frühstücken und macht furchtbar traurige Augen, und während aller Mühe schießt die Milch über und der Kaffee ist wieder kalt geworden. Endlich! Wo ist nur die Tasche? Er hat sie unter das Bett gestellt. Und natürlich hatte er keine Zeit, das Lager aufzuräumen; es wird ihn genau so begrüßen, wie er es verlassen hat. Und jetzt ist es wieder eine halbe Stunde zu spät, und von Haus zu Haus werden ihn dieselben Vorwürfe empfangen. Wie er die Bürger haßt und verachtet, die an ihm Pfennige sparen und auf ihren Reisen die Tausende vertun!)

– Sie alle stehen auf dem Balkon, der nicht mehr lange halten wird, jedenfalls nicht mehr über die Woche, aber doch noch diese Nacht. Der verhüllte Himmel leuchtet gestirnlos in fahlem, milchigem Schein, und der Schnee gibt den Schein zurück. Die Nacht ist so milde, daß ich mich auf einen Balken setzen kann, der aus dem inneren Gefüge des seit langem erkrankten Hauses stammen muß, und immer mehr der guten alten Gesichter sind zu erkennen – alle ohne jegliche Sorge um die Zuverlässigkeit der Tragsteine: hinter den Herrschaften und dem hohen geschichtlichen Personal, in gebührendem Respekt, Wilhelm Messmer, der Wirt, auf den sie doch schließlich angewiesen waren, wie ja überhaupt die Weltgeschichte in erheblichem Grade Sache der Wirte und der Dienerschaft ist. Hitze überweht des Patrons lebensvolles Gesicht mit dem kurzen spitzen Bart. Er ist ein eigenwilliger Mann, um goldne Rücksichtslosigkeiten nie verlegen und Meister empörend-drastischen Ausdrucks, der mit kollidierenden Ansprüchen seiner Mitmenschen, seien es Untergebene oder nahe Verwandte, kurzen Prozeß macht: sie sind ja doch nicht von ihm zu trennen, die treuen Helferinnen – er hat etwas Unwiderstehliches. Da sind sie, die pauvres parents, die alternden Mädchen, um deren Weiblichkeit sich niemand gekümmert hat. Sie haben das gelichtete Haar in der Mitte sauber gescheitelt, und die Karfunkel-Agraffe blitzt auf dem steifen, mit Perlen gezierten Fischbein-Kragen. Die vom Scheuern, Seifen, Schneidern, Schälen, Auslesen verquollenen Hände sind natürlich so wenig zu sehen wie die vom Stehen am Kontrollschalter überschwollenen Füße, die in keinen Schuh mehr passen und für die späten arbeitslosen Tage vielerlei Stoff zu Klagen geben werden: es wird sich dann herausstellen, daß die lebenslang ersehnte und ersparte Altersruhe nicht allzu viel wert ist und daß unter Wilhelms herzlich-grobem Kommando die besten Jahre waren. Und da, in der grünen Schürze, ist Florian, der Hausbursche, der meist als ›fauler Teufel‹ angeredet wurde. In der Sommerschwüle, wenn die Familie im Gartenhause aß, mußte er mit der Gießkanne das Blechdach besprengen, was unter schwerem Trampeln seiner benagelten Schuhe vor sich ging; und da ist der hitzige, blondlockige Gärtner, der sich fluchend mit den überschweren Pflanzenkübeln abquälte. Von Palmen, Fuchsien, Rosen wußte er genug, weniger von Tieren: er wurde berühmt, als er über dem Hühnerstall ein Mardernest entdeckte und die darin aufgehäuften ›Mardereier‹ hinunter auf das Pflaster warf, um die Räuberbrut ex ovo auszurotten. Kurzum, alle sind da, die um das Wohl der Familie und das noch viel höher zu schätzende der Höchsten Herrschaften besorgt waren, und noch viele, die von Stufe zu Stufe unter ihnen rangierten. Sie wußten sich für Plagen und schlechte Behandlung dann und wann zu entschädigen mit einer nicht abgegessenen Platte, einer halb geleerten oder unterschlagenen Flasche. Da sind auch die gerissenen Kondukteure, die die Kutscher herüberpfiffen, um mit ihnen ihre geheimen Geschäfte zu machen, und diese selbst im steifen geschwungenen Zylinder: sie verstehen sich vorzüglich auf die Einschätzung der Fahrgäste, aber sie finden keine Beschäftigung mehr. Und damit wurden tausend und aber tausend Pferde erlöst in den Himmel des Nicht-mehr-geboren-Werdens, diesen einzigen Himmel der Kreatur.

Erregt sind sie nun doch. Denn die Schattenwohnung wird einstürzen, und sie werden keine mehr finden. Die Geheimnisse werden untergehen, Ausbrüche Ihrer Majestät und die gelassen ritterlichen Antworten des Gemahls, Anschläge französischer Geheimagenten, die sich, nach Bismarcks Meinung, bei der Kaiserin eingeschlichen hatten, indem sie Höchst Ihre Sympathien für die katholische Kirche sich zunutze machten. Denken wir nur an den August des Jahres 1863: in Frankfurt waren unter der Leitung der österreichischen Diplomatie die deutschen Fürsten zusammengekommen. Es sollte der letzte große Versuch Österreichs sein, von seinem Erbe her den Bund zu reformieren, eine Reichsgestalt vorzubereiten, also die Verhinderung der Bismarckschen Konzeption. Inzwischen bemühte sich der junge Franz Joseph durch einen Besuch in Gastein, den König von Preußen zur Teilnahme am Kongreß zu gewinnen. Es war für den preußischen Minister ohne Zweifel eine gefährliche Stunde. Und wenigstens zur Hälfte hat er sie verpaßt. Denn er saß in den Schwarzenbergischen Anlagen an der Ache unter den Tannen, hielt seine Uhr in der Hand und suchte festzustellen, wie oft in der Minute eine Meise Raupen oder Insekten ihren Jungen ins Nest trug: politischer wäre es gewesen, den König zu beeinflussen. Der saß auf der andern Seite der Schlucht gelassen auf einer Bank: er wollte den Minister in seinem Vergnügen nicht stören, obwohl er ihn heute morgen durch ein in das Hotel gesandtes Billett um eine Unterredung vor dem Besuche Franz Josephs gebeten hatte. So konnte der junge Kaiser zwar nicht siegen, aber doch sich Hoffnung machen, daß der König nach Frankfurt kommen werde. Es war Bismarcks schwere Aufgabe, seinen Herrn an Frankfurt vorbei nach Baden-Baden zu führen und ihn umzustimmen. Das scheint ihm auf der letzten Etappe der Reise gelungen zu sein: sie fuhren im kleinen offenen Dreispänner durch Wildbad über den Schwarzwald und sprachen französisch: eine Arglosigkeit. Denn warum sollten die königlichen Kutscher weniger schlau gewesen sein als heute die Chauffeure der Diplomaten, die ihre Sprachkenntnisse geheim halten, nicht aber das, was sie aufschnappen? Bismarck suchte dem empfindlichen Herrn deutlich zu machen, daß die Einladung zum Fürstentag viel zu kurzfristig und als eine Ladung à courte échéance auf beleidigende Weise ergangen sei: in psychologischer Hinsicht gewiß ein geschicktes Argument. Der König solle statt der Fürstenversammlung eine Ministerkonferenz fordern, was ja immer das unschuldigste Ansinnen ist.

Aber nun, als sie in der Maison ankamen, begrüßte sie der König Johann von Sachsen, der edle Philaletes, Botschafter Dantes und nun auch der dreißig Fürsten, in Begleitung seines Ministers Beust, eines nicht gerade durchsichtigen Mannes. Die Lage wurde verschlimmert durch die Anwesenheit der ›Damen‹: der Königin, ihrer Tochter, der Großherzogin von Baden und der Königin-Witwe Elisabeth, die sämtlich die Einladung Johanns unterstützten. Das monarchische Bewußtsein König Wilhelms neigte sich den Fürsten zu. Es kam zu der leidenschaftlichen Auseinandersetzung, die noch nach Jahren durch Berichte und Erinnerungen zittert. Sie endete um Mitternacht damit, daß der König unter Weinkrämpfen die Absage nach Frankfurt unterschrieb.

Der Regierungsrat Zittelmann, der im Vorzimmer sich be-
reithielt, erlebte eine noch dramatischere Szene: Bismarck
riß die Tür auf, ergriff ein riesiges Waschgefäß und schmet-
terte es auf den Fußboden. [Erich Eyck, Bismarck.] ›So‹, be-
merkte Zittelmann, ›zertrümmerte er Waschgefäße – und
Existenzen‹ – und der Regierungsrat mag unter anderen den
Botschafter Harry Arnim gemeint haben, den Bismarck als
seinen Feind vernichtete, indem er ihn eines angeblichen
Diebstahls wegen von seinem pommerschen Gute in die
Berliner Stadtvogtei werfen ließ, ohne im folgenden Prozeß
einen Bestechungsversuch – und gar aus dem Welfenfonds
– zu scheuen. Während des peinlichen Prozesses vor dem
Berliner Stadtgericht verschmähte er die Veranlassung einer Haussuchung nicht – sie könnte Ihrer Majestät eine vor-
übergehende Verschlimmerung ihres Leidens zugetragen
haben. Man konnte es dem gelehrten Verteidiger Arnims
nicht verargen, daß er die Heiligtümer preußischer Rechts-
pflege in schwerer Besorgnis bedroht sah.

Es sind also in der überständig gewordenen Residenz nicht
nur Waschgefäße und Existenzen zerschmettert worden; es
könnte viel mehr gewesen sein: einmal die Phantasien Napoleons III., um die es nicht schade war, dann aber die letzte
geringe Wahrscheinlichkeit, daß Auftrag und Erbe Österreichs Gesamtdeutschland durchdringen werde, was natürlich nur unter einem ernsten Opfer beider Parteien sich
hätte anbahnen lassen. Bismarck freilich behauptete später,
es sei auf diese Weise der Grundstein gelegt worden für das
Bündnis mit Österreich im Jahre 1879: er beauftragte später
Moltke in Baden-Baden, der Majestät die militärischen Argumente für dieses Bündnis vorzustellen. Aber was etwa
noch in der Luft schwebte im Jahre 1863, verschwand mit
der Frankfurter Fürstenversammlung: der geistig-ge-
schichtliche Gehalt Österreichs, seine Lebensform, die der
Westen nicht entbehren, nicht ersetzen konnte; es verschwand, bei vielen Gebrechen, eine gewisse Menschlichkeit geschichtlicher Existenz, ja deren echte Kontinuität;

Abreise Napoleons III.
Auf dem ›Kaiserbalkon‹ König Wilhelm

der Untergang der wichtigsten europäischen Position im
Osten, des Wiener Brückenpfeilers, setzte sich fort.

Solche politische Dramatik ebbte natürlich wieder ab: die
Hohen Herrschaften geruhten den Salon der Pauline Viar-
dot zu besuchen in dem kleinen Schweizerhause in der Fre-
mersbergstraße; sie beehrten das Atelier des Bildhauers
Kopf, das der Meister praktischerweise gegenüber der Residenz erbaut hatte; sie ließen sich von Winterhalter porträ-
tieren, sie zeichneten den wackern Musikdirektor Könnemann aus für seine dem König dedizierte ›Marche
Guillaume‹, und stets war es ein Ereignis, wenn die Kurkapelle in dem eleganten neuen Kiosk desselben Komponisten
Glanzstück intonierte: den ›Fremersberger‹. Dann zogen
sich die Menschen um den Musiktempel zusammen, und
nun gingen alle Schauer des großartigen Naturgemäldes
über sie hinweg. Nach einem romantischen Gedicht des lei-

der nun auch vergessenen Poeten Eduard Bauer beschwor der Tondichter Sturm, Blitz, Donner und Waldfinsternis, in der sich der Landesherr verirrt hatte am Westhange des Fremersberges; dann war das Glöckchen der Franziskaner-Eremiten zu vernehmen, und nun lichtete sich das Bild: die Mönche nahmen den Markgrafen mit frommer Gastlichkeit auf; der Gewitternacht folgte Morgenfrische, in der das Kreuz vor dem Klösterchen weit ins Land hinaus strahlte. Niemals, versichert der Stadtchronist, habe dieses Werk seine Wirkung verfehlt; die Majestät spendete freundlich Beifall vom Balkon, daignait joindre ses applaudissements à ceux du public, wie bei einer andern Gelegenheit berichtet wurde: nämlich als die Patti im ›Maskenball‹ auftrat, zu welcher Repräsentation die Majestäten schon eine Stunde nach ihrer Ankunft geeilt waren. Noch während meiner Kindheit hat der ›Fremersberger‹ Schrecken und Begeisterung erweckt, aber den Ersten Weltkrieg sollte er nicht überleben. Übrigens fand in den Darbietungen der Kurkapelle auch die Erfindung der Eisenbahn ihre Würdigung: zur Qual altmodischer Ohren gaben sich die Musikanten große Mühe, das schrille Pfeifen, Kreischen und Stampfen der Lokomotive, die Signale der Kondukteure, kurz die triumphale Melodie der Technik nachzubilden.

Vermutlich sind auch die Poeten an der Maison vorübergekommen oder dann und wann zur Table d'hôte hier aufgetreten: Victor Hugo und der spöttische Musset, der sich hier als Vicomte gab, während es mit seinem Adel nicht besser stand als mit dem Balzacs; Lenau, der an der Tafel im ›Lamm‹ den ihn gänzlich aus der Bahn schleudernden Stoß erlitt: er begegnete Marie Behrends, von der er sagte, daß sie ›schön war bis ins Herz‹, aber sein eigenes Herz war ja nicht frei; der glühende Prophet der Seherin von Prevorst und der mit einem grünen Reiseschleier gezierte steife Justizrat aus Husum, der sich ganz vergeblich bemühte, ein wenig Schwäbisch oder Badisch zu lernen.

66 und 70 waren dunkle Jahre: als der Bruderkrieg bevorstand, reiste Ihre Majestät aus Protest hierher; das Jahr 70 vertrieb für lange Zeit die ausländischen Gäste und wurde darum vom Patron der Maison mit geteilten Gefühlen quittiert. Dann aber kam erst die ›große Zeit‹. Und nun ist es, als ob das Haus hinter der Versammlung entschwände, während unten die Bürgerschaft wiederum feiernd aufzieht. Wir sind nämlich im Jahre 1878, und der Kartätschenprinz hat die Höhe des Heldenkaisertums erreicht. Wiederum hat ihn Gottes sichtbare Fügung aus schwerer Lebensgefahr errettet. Er wurde mit einer prachtvollen Fontaine lumineuse empfangen, und nun ist er in die Sommerresidenz zurückgekehrt. In allen Bäumen schaukeln Lampions, die Glocken läuten und die Böller krachen von den Bergen – vielleicht hat man gar die Schloßruine beleuchtet, was immer hochromantisch wirkte. Die Honoratioren defilieren, ihnen folgen die Gesangvereine des Städtleins, von Oos und Gernsbach und Balg, einer jeden auf patriotische Repräsentation bedachten Ortschaft; vom ›Englischen Hof‹ bis zur Maison erstreckt sich eine Via triumphalis: allenthalben sprühen Fontänen im Schein der Gasflammen, Raketen knattern und strahlen sich aus über dem Tal. Nun waren alle Wunden vernarbt: im Herzen des Volkes war das Bild des gütigen Vaters vollendet, der vor einigen Jahren ganz friedlich seinen Kränchenbrunnen getrunken hatte, als ihn die Herausforderung seines Gegners traf, und der dann glorreiche Rache nahm: Völker erleben Geschichte nur, indem sie sie umdichten. Vielleicht wurde auch dieses etwas rohe Soldatenlied vom Emser Brunnen gespielt:

> Wilhelm spricht mit Moltk' und Roone
> Und spricht dann zu seinem Sohne:
> ›Fritz geh hin und haue ihm‹,

gewiß aber die ›Marche Guillaume‹ des dekorierten Herrn Könnemann und der ›Siegerkranz‹, und Seine Majestät dankten leutselig, verzeihend vom Balkon, und vielleicht war auch Ihre Majestät bereit zu vergeben und sich vom Ruhm der Welthistorie entschädigen zu lassen für all das, was nicht nach Ihrem Willen gegangen war und weiterhin nicht danach gehen werde.

An diesem Abend hatte der graubärtige Kulissenmeister Ackermann nichts zu tun. Diese Stunde der Huldigung war vielleicht, von außen gesehen, die größte der bescheidenen Sommerresidenz; sie konnte nicht mehr überboten werden, und es hat einen gewissen Reiz, gerade heute und hier sie sich zu vergegenwärtigen. Tote ziehen Fahnen schwenkend herauf, um Toten zu huldigen; eine Macht dokumentiert sich, die bis ins Herz zerstört worden ist: Wert und Ehrfurcht, die sie trugen, sind aufgelöst. Aus nichte wurde ichts, aus ichte nichts, wie der tiefsinnige Tepler Ackermann sagte. Und ichts und nichts fallen zusammen: Das ist das Weltgeheimnis des unerkennbaren Gottes, der wohl das Wort im Fleische an die Menschen richtete, aber ihnen nicht sein Geheimnis übergab und weder in der Natur noch in der Geschichte zu ergründen ist. –

Die Toten sind vorüber. Die Via triumphalis hat sich verfinstert. Für uns gibt es keine Feste mehr, keine vollgültige Repräsentanz. Die morschen Balken solcher Schaugerüste werden nicht mehr heil. Heute nacht können Regen, Wind oder Schnee noch einmal ohne große Mühe eindringen. Geben wir es ruhig zu: das Vermächtnis war in schlechten Händen; es hätte würdiger enden können. Aber wir wollen keine laute Klage erheben. Denken wir an das Berliner Schloß, die grandiose Leere zwischen der mit roten Signallampen geschmückten Dom-Ruine und dem Marstall, und an den Lärm, der bei gewissen Anlässen sie auszufüllen scheint. Möglich ist es noch immer, daß dort die alten Kurfürsten, die in einem verschollenen Kloster begraben worden waren, unter der Erde liegen: man kann sie nicht ausweisen, aber zu fürchten sind sie vorläufig nicht. – Liebes altes Haus, keinen Protest, es ist ganz in der Ordnung, daß Du abgerissen wirst. Dein Prunk könnte niemandem mehr imponieren, es ist besser, die Damen der alten Zeit, in der abgetragenen Mantille, mit dem Stöckchen, den verkrümmten Füßen, und die steifen Exzellenzen mit dem letzten Gamsbart am abgetragenen Hut lassen sich nicht mehr sehn. Sei froh, alte Maison, alte Dame in Crêpe, – noch ein paar Wochen der Enthüllung und Schande, und dann ist es getan, und das Zeitalter und Du und ich gehen denselben Gang.

Der Zuschauer

Eigentlich wollte ich für diesen Winter wieder in meine andere Heimat. Ich hatte schon die Flugscheine nach Lissabon in der Tasche, freute mich auf meine Freunde dort und das Domizil an der Praça mitten in der Stadt, wo die Tauben das Denkmal des Camoens umschwärmen und der Blick die steilen Straßen hinuntergleitet auf den ausmündenden Strom. Nur das aufgeregt-zornige Geschrei der vor Weihnachten auf den Balkons gehaltenen Truthühner, der Gesang der Straßensänger im Hof und gewisse traurige Nachrichten vom Lose der Zugvögel machten mir Angst: denn solche Berichte springen mir sofort in die Augen. Aber dann kam so manches dazwischen, das nicht hierher gehört, und statt an die Atlantik-Küste bin ich in das ›Hotel Atlantik‹ geraten. Vor hundert Jahren, als die drei Kaiser sich hier trafen, wäre das Hotel mit der langgestreckten, gegen Theater und Kurpark gerichteten Front entschieden zu elegant für mich gewesen. Längst aber hat es einige Opfer gebracht; es hat im vorderen, gegen die Stadt gerichteten Trakt eine Bank aufgenommen, und der zierliche zweistöckige Saalbau nach der Alleeseite, den einstmals Empirevasen krönten, schimmert nur mit einigen charmanten Erinnerungen durch spätere Bauten. Es ist gepflegt und still, zumal vor Weihnachten, und nicht allzu viele Überraschungen sind zu befürchten.

Hier ging ich Jahr um Jahr unter der Last des Schulranzens vorüber: damals hieß es ›Englischer Hof‹, denn man war im Städtlein noch mit aller Welt Freund. Nun wohne ich auf der stillen Seite, wo sich einst der Saalbau anschloß, hinter den hohen Tannen; das Oosbächlein rauscht beschwichtigend und wird im Mondlicht unter seinen vielen leichten Brücken fast zum Fluß; das kleine Theater erleuchtet sich allabendlich für das Weihnachtsmärchen, an den Dächern der Kolonnaden schimmern einige verlorene Lampen, die meisten Läden bleiben geschlossen. Der Glanz wird für den Sommer aufgespart, und die Kurtaxe ist um diese Zeit auf die Hälfte ermäßigt. Hinter dem Theater ist gerade das hohe Dach und die oberste ausgestorbene Fensterreihe des ›Messmer‹ zu sehen.

In den Tannen vor dem Fenster streiten sich die Krähen bis tief ins Dunkel, jedenfalls bis ich einschlafe; auch nachts haben sie dann und wann Meinungsverschiedenheiten. Ich gehe früher als ein Schulkind zu Bett. Dafür kann ich um halb fünf Uhr anfangen. Was das Frühstück angeht, so habe ich mich längst von allen Gnadenerweisen der Bedienung unabhängig gemacht: ich habe keine Geduld, bis sieben Uhr zu warten und die anschließenden Verspätungen zu ertragen; auch hat der Tee allenthalben einen viel zu weiten Weg, als daß er noch heiß auf den Tisch kommen könnte. Gegen sieben erheben sich wieder der Streit und das Hungergeschrei der Krähen, bald darauf schlagen die Meisen auf dem Balkongeländer, vergnügt – denn es liegt wenig Schnee: er wird nur wie ein leichtes Tuch hingeworfen und gleich wieder weggezogen.

Ich bin mit dem Versuche beschäftigt, meine Existenz, nachdem sie einige bedenkliche Sprünge erfahren hat, soweit noch möglich zu reparieren, bin also entschlossen, mich mit unglaublicher Nachsicht und Verständnis für alle Narrheiten zu behandeln. Noch vor acht Uhr entkorkte ich zum Ärger des Zimmernachbarn eine Flasche – er sei hiermit nachträglich um Entschuldigung gebeten. Gegen zehn Uhr, aus Einsicht in die Pflichten des Zimmermädchens, packe ich mein Handwerkszeug und meine Handarbeit in meine Mappe: ein halbes Dutzend Langenscheidtscher Wörterbücher, denn immer steht irgendwo ein Wort, das man nicht weiß –, ferner, nach Jean Pauls Vorbild, das Tintenfläschchen, denn jedesmal versagt der Füllhalter, die schwarzen Schreibhefte für den Schulgebrauch, Briefe, von denen viele nie gelesen, aber immer wieder ein- und ausgepackt werden.

Man kann sich in dieser Sache nur auf das Gefühl verlassen, und wenn es nein sagt, lege ich den Brieföffner wieder weg. Auch sind die mir zur Beurteilung zugegangenen Schriften, denen es meist so wie den Briefen geht, nicht zu vergessen, und Korrekturen, die mich in ein vergangenes Stadium zurückwerfen und also schlecht bedient werden. Da ich meist schon um ein oder zwei Uhr angefangen habe zu lesen und Anmerkungen zu machen, bin ich, wenn ich dem freundlichen Portier meinen Schlüssel übergebe, für diesen Tag schon ein ziemlich alter Mann.

Hier ist alles so bequem. Nach zwei Minuten erreiche ich den Zeitungsstand vor der Post, dessen Besitzer mir wortlos gibt, was ich wünsche: Svenska Dagbladet und Politiken, leider nicht meine alte Freundin Berlingske Tidende, dann und wann ABC aus Madrid, der keineswegs gesonnen ist, allen Launen der Zeit sich anzuschließen, die Sunday Times, immer noch eine erstaunliche Publikation, oder Le Monde, reich an vortrefflichen Einsichten, die aber nicht befolgt werden, oder den Corriere, den ich für eine der klügsten westlichen Zeitungen halte. Aftonposten ist in dem Glashäuschen im Kurgarten zu haben, wohin ich mir den Weg nicht verdrießen lasse am Nachmittag. An Oslo hänge ich so sehr, an Gamla Akerskyrka, der auf gewaltigen grauen Säulentrommeln ruhenden Kirche und dem unsagbar schönen Friedhof darunter und den Gräbern der großen Norweger und an den Enten im Schloßpark und der feierlichen Terrasse über der Stadt. Das Rotterdamer Allgemeen Dagblad habe ich aus Liebe zur holländischen Sprache und aus Dankbarkeit für ihre erfrischende Anschaulichkeit, ihren Humor vor dem Weltgeschehen, abonniert. Es kommt um acht in mein Zimmer. Als Schiffspost, mit wohltuender Verspätung aller Unglückspost, schwimmt Morginbladid aus Reykjavik heran. Natürlich kann ich all diese Sprachen nicht sprechen, ich habe nicht das geringste Talent dazu und bin stumm wie ein Fisch. Aber ich kann zuhören. Der Lissaboner Diario und das bezaubernde Abendblättchen der portugiesischen Hauptstadt verirren sich natürlich nicht hierher.

Nach wenigen Tagen habe ich mein Dasein so eingerichtet, daß ein jeder weiß, was ich will, sobald er mich sieht: dazu gehört nur eine gewisse Konstanz der Gewohnheit, die natürlich zum Gefängnis werden kann. Aber man kann ja weiterwandern, wenn es zu eng wird. Und es gibt kein größeres Glück, als nicht sprechen zu müssen. Gegenüber dem Zeitungsstand ist die Post. Hier in der Vorhalle sitzen, mit den Leinen an die Automaten gefesselt, immer ein paar zitternde, gähnende Hundchen, Pinscher, Spitze im schön gesäumten Winterpaletot, kluge Wolfshunde, tazzelwurmartige Ungetüme, denen das Stirnhaar in die Augen fällt, und ein Mittelding zwischen Kamel und Pudel, das offenbar den unwahrscheinlichsten Mutationen zu verdanken ist: sie alle dürfen die Räume nicht betreten, in denen die Kundschaft der Bundespost mit Ernst und Freundlichkeit bedient und mit Marken ausgestattet wird, die besser als Etikett auf eine Weinflasche passen würden als auf einen Brief oder gar ein Postkärtchen. (Mit welchem Anstand und Geschmack hat doch dieser Erwerbszweig in unserem Ländchen begonnen – und wie weit haben wirs gebracht: man wagt kaum mehr, einen Brief nach dem Ausland zu frankieren. Wieviel Tradition ist dagegen in den nordischen Ländern, England, in den USA wirksam geblieben. Die Marke ist aber Visitenkarte eines Staates: man sollte sie nicht sehr großartig halten.)

Die Sache mit den Zeitungen hängt natürlich mit der Maison zusammen, in deren altmodischem Lesezimmer sie einmal, wie gesagt, zu Hause waren. Die Völker, um das im Weitergehen die Sofienallee hinauf zu erzählen, sind die wahre Liebe meines Lebens; soweit ich sie eben verstehen kann, habe ich das Verlangen, von einem jeden täglich ein Wort zu hören. Wie bezaubernd war gestern das Feuilleton von Couperus: ein japanischer Maler trägt in einem Tüchlein die von ihm bemalten Fächer zu einem Kaufmann über eine Brücke des Biwasees. Ein Fächer gleitet heraus, und der Wind ergreift und entfaltet ihn und läßt ihn als großen

Schmetterling in den See sinken, in den Teppich auf und nieder schaukelnder roter Beeren, die von den Ebereschen fielen. Und der Maler, getroffen vom Blitz der Schönheit, hat eine solche Freude daran, daß er Fächer um Fächer in den Wind wirft, – er hat Sperlinge darauf gemalt und Meisen auf zierlichen Zweigen, und ich weiß nicht was noch, und zuletzt läßt er auch das Tüchlein über den See flattern. Und er hat doch lange und sorgfältig gearbeitet, und für einen jeden Fächer wäre ihm, vielleicht für eine ganze Woche, sein Schüsselchen mit Reis gefüllt worden. So hätte nur noch ein Portugiese schreiben können: Eça oder Fialho, Holländer und Portugiesen haben sich ja weit im Osten verloren. Als Verwandelte sind sie wiedergekommen. Ich will nicht darüber streiten, welches Volk uns die bezauberndsten Fliesen geschenkt hat. Aber es ist wunderbar, wie nahe die Küstenvölker einander sind – und wie wenig wir sie verstehn.

Natürlich trage ich auch ein paar Bücher in der Tasche, die mich durch die Nacht schon unterhalten haben. Einige moderne Forscher haben sich entschlossen, hinter dem organischen Leben einen ›Plan‹ anzuerkennen, der auch unter den ungünstigsten Umständen sich zu verwirklichen strebt: er ist eben der Lebensstamm selbst; die Verschiedenheit der Wesen geht, wenn ich den verehrten Hermann Staudinger recht verstehe, bis in die Struktur der Substanz. Auch die halbe oder eine schwer beeinträchtigte Keimkraft will immer das Ganze; eine geistige Kraft also, der Archaeus des Pilger-Arztes, durchwirkt das Sichtbare, die Keimzellen und ihre Entfaltung und ist vielleicht das Unzerstörbare ihres Lebens; zum Wesen der Materie, unlösbar ihr eingeschmolzen, gehört ein Irrationales, Undefinierbares. Die Frage nach dem Ursprung des Lebens ist falsch gestellt: sie konnte ihn nicht konzipieren. Das kommt der Lehre vorplatonischer Denker wieder nahe, für die der Stoff physisch-geistige Substanz war; an einen unsubstantiellen Geist haben sie nicht gedacht. Im menschlichen Schicksal, gleichsam in seiner Gestalt, diese bildend und in sie gebunden, von ihr nicht ablösbar, herrscht ein ›Plan‹. Aber wir erkennen das Ganze nicht, in dem wir wesen, verstehen oft nicht den Bezug zwischen ihm und der Begegnung von ›außen‹, der sich Tag für Tag realisiert. Wir werden geführt, aber wir erkennen nicht. Wir gehen in die Irre, weil wir nicht gehorchen. Das, was wir sind und was auf uns zukommt, was uns prüft oder niederschlägt: das ist eine Einheit – und wenn sie zertrümmert würde, entstände keine neue Kraft. Zeichenhaft deutet sie sich an: etwa daran, daß die Bücher, die ich ziemlich wahllos in die Koffer packte, genau in die Situation paßten, die mir hier bevorstand und von der ich nichts wußte. Aber die Buchwesen haben eben gerufen, haben sich angemeldet, mich auf dem Wege abgepaßt: alle Bücher, die nicht um des Schreibens willen geschrieben wurden, führen eine selbständige Existenz, und ein Bücherzimmer ist erfüllt und geweiht von unhörbaren Reden und Antworten, von Ultraschall.

Ich nahm aus Stockholm gerade den Band Strindbergscher Dramen mit hierher, in dem die Kammerspiele stehen, Unwetter, Brandstätte, Scheiterhaufen. Ich lese wieder Brott och Brott, der hier in meiner Jugend unter dem leeren und falschen Titel ›Rausch‹ gespielt wurde, und natürlich ›Nach Damaskus‹ und den ›Schwarzen Handschuh‹, den der Dichter noch 1911 als Weihnachtsspiel im Intimen Theater auf die Szene brachte, und den erschütternden Abschied: ›Die große Landstraße‹. Welche Größe in der Erfahrung des Leids, seiner stellvertretenden Sendung: wie grotesk und überheblich war das Mißverständnis Nietzsches, der gerade diesen Dichter mit der Übersetzung des ›Zarathustra‹ beauftragen wollte – woran Georg Brandes schuld sein mag.

Strindberg ist bis zum Ende dem Lebe-Meister Schopenhauer treu geblieben, der die Wahrheit sagte vom Leid und seiner Einheit, von der Schuld dazusein, einer Weisheit der Griechen und der Spanier; und wenn Strindberg den Übermenschen zitierte, wie in der Afrikanisch-Peer-Gyntischen

Phantasie ›Samum‹: so erschien dieser, in genialer Voraussicht, im Flackerlicht des Wahnsinns. Ernst hat Strindberg den Übermenschen nie genommen. Zu einem umfassenden Studium reichen Kraft und Zeit nicht mehr aus; es wäre aber durchaus nötig; nach Hegel und Kierkegaard, nach Tolstoi, Dostojewski und Nietzsche, die zwischen 80 und 90 die Entscheidung führten – ach, wie wenig kümmerten sich darum die Majestäten und der Generalstab in der Maison –, war das Werk Strindbergs das Schlachtfeld, bis gegen 1910. Seine Ahnungen gingen sehr viel weiter: welche erstaunliche Vision der Ruinen und Trümmerstätten, der im Schutt offen liegenden Schande! Eine Vision, die leider seine Heimat, die stehengebliebenen Ränder, noch bedroht. Es ist keine Entdeckung, daß Strindberg kein Frauenhasser war, vielmehr ein Ankläger des Mannes: im tiefsten Grunde ging es um die Erlösung der Frau, die Überwindung des Fluches, den Eva austragen muß: aber nicht der Mann kann zur Erlösung der Frau beitragen, nur die Frau selbst. Das entspricht durchaus der geschichtlichen Wahrheit, daß die Frau, nicht der Mann am Aufgang geistig-geschichtlicher Umwälzungen steht. Die Gestalt August Strindbergs, Sohnes der Magd, der Kellnerin, ist unüberbietbar in ihrer eine Ära beschließenden Aussage und Symbolik. Als er endlich den heiß erstrebten Theatererfolg in Paris errungen hatte, mußte er ins Krankenhaus: die eiternden blutenden Hände ließen sich nicht mehr verstecken, aber vielleicht auch nicht mehr ertragen. Ein schwedischer Forscher erzählte mir voriges Jahr in Malmö, daß die Manuskripte Strindbergs mit Blut und Eiter befleckt seien.

Aber welche Frische, Sicherheit, Gesundheit in Nebenwerken, den Romanen! Nach schwedischem Urteil hat die Schilderung der Heuernte auf einer Insel des südlichen Schärengartens (in ›Hemsöborna‹) nicht ihresgleichen in der schwedischen Sprache: die schauerliche Tragikomik dieses eigentlich nur in einer Pause vor großen Dramen in Bayern geschriebenen Romans wird wenig Ebenbürtiges finden.

Und mit welchem Vergnügen kann man ›Röda rummet‹ lesen und dem Treiben in der Stockholmer Altstadt, in Gamla Staden, zuschauen, in aller Munterkeit und Schärfe seiner Realistik eine bittre Prophetie! Von Schritt zu Schritt bewegt man sich auf dünnem Eis. Aber der Dichter hat darüber einen grandiosen Bogen gespannt von der schwedischen Heldenzeit, deren Ende er so wenig verwinden konnte wie sein Feind Heidenstam, der Verlassene in Oevralid, bis zur Zelle, in der das nackte Kreuz des Karmel hängt: er hat sie im dritten Teil von ›Til Damaskus‹ betreten. Mit Shakespearescher Güte und Versöhnungsbereitschaft hat er Abschied genommen: Shakespeare hat vielleicht keinen Verwandten, der ihm näher ist. Und die Frage bleibt offen, was der Norden nun noch zu sagen hat, nachdem Strindberg in seinem ›Blauen Turm‹ an der Drottninggata starb. Sein Werk hat, wie das Shakespeares, die gesamte Geschichte seines Volkes, vielleicht des Nordens überhaupt zur Voraussetzung: von der tragischen ›Bekehrung‹ über Birgitta, den Bauernkönig Gustav Wasa, die Feldherrnkönige bis zur totalen Resignation, einem letzten Schmerz über die Mißhandlungen der Weltgeschichte und dem Stolz sterbender Rittergeschlechter endlich zur Sehnsucht nach der untergegangenen Heldenzeit, nach der Glaubensheimat. Was will er von uns? En tyst bön: stummes Gebet. –

Neben den Strindberg-Bänden stand im Untergeschoß von Fritzes Hovbokhandel in Stockholm die wundervolle Dünndruckausgabe der Werke Federico García Lorcas, die herauszubringen Aguilar in Madrid den Mut hatte: der Verleger stellte damit den andalusischen Guitarrensänger, den Zigeuner, der die antiken Tragiker im Herzen trug, in die erlauchte Reihe spanischen Erbes. (In Schweden, wird mir versichert, wird viel spanisch gelesen, aber keineswegs norwegisch oder dänisch.)

Ein bedeutender Literaturkenner soll gesagt haben: in hundert Jahren sei es mit Lorca vorbei. So kompetent bin ich nicht. Wenn es zuträfe, so würde nichts besser zu Lorca

passen, denn die Melodie, die Gott ihm auferlegt hat, die
Gewalt und das Verzittern des Glockenschlags, ist ja eben
die von der Vernichtung der Zeit, vom Ablauf der Uhren,
vom Herauftauchen eines unbetretbaren Ufers: diese Erfahrungen trug er durch die Welt mit der Orangenblüte am
Herzen, mit dem Schmetterling an der Stirn, dem unsichtbaren Kuß. Er entwarf die bezaubernden Zeichnungen zu
seinen Szenarien und Gedichten, die Aguilar dem Bande
mitgegeben hat, und schrieb die sauberen Noten: Sevillanas,
armonizadas por F. G. L. – Sevilla, sagte er, erzählt, was in
Granada geschehen ist; Sevilla ist ein wenig rhetorisch, jedenfalls auf die Welt gewendet; Granada, die Heimat, ge-
nießt die plazuelas, die kleinen Plätze, die Brunnen, die
Höfe, das Gartengeviert, weiße Mauern, die von Orangen
und Granaten überblüht werden. Aber ohne Freiheit bestehen weder Andalusien noch Granada. Und auf Freiheit, wie
auf die Wahrheit, steht der Tod. Erfüllt von diesem Erbe,
ging der ›letzte Dichter der Welt‹, ultimo poeta del mundo,
wie er die Kühnheit und wahrscheinlich ein verdächtiges
Recht hatte, sich zu nennen, durch die Straßen New Yorks,
huldigte er Walt Whitman, dem am Hudson schlafenden
Riesen nordischer Vorzeit, dessen Bart bis zum Pol reichte
und dessen Hände offen blieben, empfangshungrig und
empfangsbereit; er grüßte ihn im Namen spanischer Agonie
und Verwesung:

Agonia, agonia, sueño, fermento y sueño

und begann damit ein Gespräch zwischen dem Abendland
und dem transozeanischen Westen, das meines Wissens
keine Fortsetzung gefunden hat.

Lorca verkannte keineswegs die beispiellose Größe des
Phänomens amerikanischer Macht, aber die Wolkenkratzer
standen vor dem Himmel der Tornados, umgeben von riesigen Friedhöfen, umlärmt von der Arbeit der Sargmacher,
unterspült von Kloaken, von den Blutströmen täglich ge-
schlachteter Tiere, umschwärmt von Insekten, die in den

Nächten das übergrelle Licht anlocken und verzehren wird. Über den Atlantik hinweg grüßte er Rom, das Kastilien Teresas, das baskische Bergland Loyolas. Er schwor ab und feierte doch. Was er zu verkünden hatte, war immenses Erbe: das der Andalusier am Saume des Mittelmeers, über das der Orient herrlich gedrungen war, das Geheimnisvolle der Zigeuner, die Guitarre, die jederzeit bereit ist, ein erschütterndes Gespräch mit der Laute zu führen, und den Tanz, den heroischen Vers der Kastilier, den blauen Schimmer der Gebirge Griechenlands. Der Zorn, mit dem er der City das Grauen der Schlachthäuser vorwarf, ist der Zorn des Empedokles in Agrigent, der die Schlächter beschuldigte, den ›lieben Sohn‹ zu schlachten, der seine Gestalt gewandelt hat: und was von Empedokles gesagt wurde, daß er einmal ›Knabe, Mädchen, Zweig, Vogel und stummer Fisch‹ gewesen sei, das könnte von Lorca gelten: am liebsten wäre er wohl ein Orangenzweig gewesen, gewiß nicht ein Lorbeerzweig. Denn der Lorbeer war für ihn furchtbar und stumm, Ruhm, und als solcher unfruchtbar. Letzter Dichter, Abschied vom Kosmos, der von dem einen heiligen Bande des Lebens durchschlungenen Welt, in der ein jedes Geschöpf Recht hat und jegliches Dasein Schuld!

Das machte Lorca in einem ganz eigentümlichen, in essentiell europäischem Sinne, zum Tragiker der Zeit und Zeitlichkeit. Die Zeit selbst wird zum dramatischen Thema: Así que pasen cinco años. Das macht ihn zum Gefährten, hier auf dem Morgenbummel durch das Städtlein, wo jetzt, im Winter, das Rasseln der Wecker noch in vorgerückter Morgenstunde durch die verhangenen Fenster zu hören ist. Es liegt ein eigentümlicher Tiefsinn in dem Einsteinschen Paradox, daß stehende Uhren schneller gehen als bewegte: je stiller, je weniger Widerstand, um so verzehrender die Zeit.

> Los laberintos
> que crea el tiempo

se desvanecen.
(Solo queda
el desierto.)

Die Labyrinthe, die die Zeit baut, schwinden hin. Es bleibt nur die Wüste. (Auch die Maison war ein solches Labyrinth und erwartet nun ihr Schicksal. Und was sollte man erst sagen vom Gehäuse des eigenen Lebens, der Schale, die sich um die Seele schloß?) Dann aber der Aufschrei:

Wann bricht die Dämmerung an
Aller Uhren?
(Cuándo será el crepúsculo
de todos los relojes?)

Und die Antwort: ›Gehen wir, um zu gehen. Gehen wir, um nicht anzukommen.‹ – ›Was mache ich mit der Stunde, die kommt?‹ Die Zeit ist schon nicht mehr da: ›Alle Uhren betrügen.‹ Das Land Walt Whitmans versteht das wohl: nie hat sich der Optimismus beispiellos-notwendiger Machtentfaltung mit einer so abgründigen Hoffnungslosigkeit verbunden wie dort in diesen Jahren des Triumphs. Befragen wir nur das amerikanische Drama: nie hat sich der Nihilismus so festgebissen im Herzen der Gesundheit und Zuversicht, ein beängstigendes Phänomen.

Die Zeit des ›Dichters von Geburt‹ (poeta di nacimiento) zerriß im Sommer des Jahres 1936 unter Schüssen in der Einöde hinter Granada: er hatte eben begonnen, seine neue Tragödie: ›Sodoms Untergang‹ vorzubereiten. Sodom will von seinem Untergang nichts hören. Granada aber lebt: das Wunder der Schönheit. (Como belleza es increíble.)

Suchen wir Lorca vor allen Mißverständnissen und lästigen Verehrern zu beschützen: heiliger Ort war für ihn die Arena. In dem Torero, der den Todesstoß führte, war der Gott (duende), und aus dem sterbenden Stier trat der Gott hervor. ›Duende‹ ist vielleicht unübersetzbar, jedenfalls hat Calderon keinen ›Kobold‹ gemeint, sondern den Genius der

Liebe. Das Wort weist auf Göttlich-Dämonisches in unbenennbaren Spielarten. Man könnte auch an den ›Engel‹ denken im Sinne Shakespeares, den Engel Cäsars, Marc Antons, des Macbeth, den Engel der Liebenden, der Liebe selbst. Gott – sein erleuchtender Bote – ist in der Liebe. Und er ist im Todbringer, im Dichter, Zerstörung und Herrlichkeit. Est deus in nobis, agitante calescimus illo.

Greifen aber die Töne zu sehr ans Herz, so fehlt es nicht an Medikamenten: Kiellands ›Garman og Worse‹, zwei Jahrzehnte vor den ›Buddenbrooks‹ bezaubernde Darstellung und Verklärung der großbürgerlichen Welt und ihres Geschicks: am Ende, vor dem Stapellauf, bricht Feuer auf dem Dampfer aus. Das Schiff wird gerettet, der Reeder nicht. Und noch eine Liebeserklärung, es soll die letzte sein, und wir kommen nun endlich durch das Städtlein: zweimal ging ich in Oslo an Henrik Wergelands bescheidenem Grab vorüber, ohne daß es mir etwas sagte, aber nun fallen mir seine holländischen Blumenstücke in die Hände: aus den Ruinen des Dreißigjährigen Krieges erwachsen Breughels üppige Blumensträuße. Welch eine reine Erscheinung, dieser stille und zugleich leidenschaftliche Poet und Ankläger aus dem Pfarrhaus in Eidsvoll! Er hat in seinem kurzen Leben (1808 bis 1845) den Anfang der norwegischen Dichtung, des Verses gefunden und kämpfte unerschrocken gegen das Elend und den erschreckenden sittlichen Ruin im Osloer Arbeiterviertel für reinliche und gesunde, der Gewinngier entrückte Wohnungen; dafür hat er wohl mehr Haß und Mißverständnis als Verehrung geerntet. Aber vor seinem Leidensbett aufblühende Rosen sagten ihm das Letzte vom Menschen und von Gott.

> Sobald die letzte Knospe sich geöffnet hat,
> fällt unsere Werkstatt zusammen.
> (Saa snart den sidste Knop har aabnet sig,
> falde vore Arbeidsceller sammen.)

›Ich habe immer zuviel verlangt‹, sagte er, sich aufgebend, nachdem er versucht hatte, seiner Frau Verbesserungen des letzten Gedichts zu diktieren. Gottes Name, hatte er erkannt, ist segnende Gnade (velsignelse), aber das Unglück, versicherte er, gehört zu den großen Müttern auf Erden.

Beschämt und belehrt vom Beispiel meines Freundes Bergengruen, von dessen Beziehung zum Städtlein noch die Rede sein wird, habe ich mich zu dem Entschluß überwunden, täglich zur Fettquelle zu gehen: er ist überzeugt, daß sie, über den Verstand hinaus, immer im besten Sinne, nach geheimem Plane wirkt, und hat ihr, wie den Trauerbuchen in der Allee, berückende Seiten gewidmet. Der Quellgeist ist der Arzt und stellt die richtige Diagnose. Also gehe ich an der schönen Hofapotheke vorbei, in deren Dachgeschoß der arme Herwegh seine ›Teufelsapotheke‹ schluckte; die medizinische Heilquelle selbst ist eine traditionsbewußt erhaltene und weitergeführte Hinterlassenschaft des napoleonischen Empire, der hier den angemessenen Stil gefunden hat. Die vielen hundert sauber aufgereihten blinkenden Salbentöpfe und Flacons tragen den Adler des Imperators; sie wurden in einer nicht mehr bestehenden Manufaktur vor Paris gefertigt und gehörten zur Morgengabe der Großherzogin Stephanie aus dem Hause Beauharnais, die in einem verschwundenen Palais auf der anderen Seite des Stadtgrabens residierte und über die Straße aus ihrer Hausapotheke bedient werden konnte. Wie viele Erinnerungen streifen mich im Vorübergehen! Das kleine düstere Büro gegen die Seitengasse ist ein ehrwürdiger Ort: hier hing unter Glas ein Brief Bunsens über dem Schreibtisch des Apothekers, seiner rastlosen Arbeit. Bunsen hat die Quelle analytisch erforscht. Was er als Persönlichkeit war, lernte ich ahnen am Beispiel des Apothekers, seines Schülers, der ihn bis ins höchste Alter als seinen Meister verehrte. Welche Zeiten, da Wöhler zum Entsetzen seiner Wirtin in seinem

Wohnzimmer, Liebig in seiner Dachstube, später in der Gießener Wache, Bunsen an der Gewerbeschule in Kassel experimentierten, und Gauß seine kühnsten Entdeckungen im Schreibtisch verschloß! Es ging, was Liebig und Bunsen betrifft, übrigens auch Gay-Lussac, nicht ohne Explosionen ab. Doch konnte man sagen, daß damals die Wissenschaft noch frei war: der Erfindergeist des Forschers, seiner Hände Werk und wahrscheinlich auch ein wesentlicher Beitrag aus der magern eigenen Tasche erstellten das Laboratorium. Seit dem Ende des Jahrhunderts ist es ein Staatsgefängnis, dessen Insassen, bei leidlicher Verpflegung, vorzüglicher Ausrüstung und entsprechender Sorglosigkeit ihre Arbeiten dem Hausbesitzer abzuliefern haben. Das ist eine der Geschichte führenden Entwicklungen des vorausgegangenen Säkulums.

Über dem Römerplatz, auf uralten Mauern, steht die Südfront des Schlosses, hell im Sonnenlicht zwischen südlichen Bäumen, und der Berg und der Garten des Klosters zum Heiligen Grab dampfen in der milden Winterluft vom Atem der Quellen. Alles, was vor der Quelle geschieht, ihre gemeinschaftbildende soziale Funktion, hat Bergengruen so vortrefflich geschildert, daß es Torheit wäre, davon noch etwas zu sagen (wie überhaupt die Stadtväter vielerlei Ursache haben, ihm wohlgesonnen zu sein, weniger mir). Weiter in Parenthese anzumerken wäre nur, daß er vermutlich, und wie es sich gehört, hier stets die volle Kurtaxe bezahlte. Ich aber bezahle nur die halbe. Das Publikum trägt in dieser Zeit schlichtes Winterkleid. Aus dem Quellgewölbe schallt mir Gesang entgegen: wie der Sänger, ein alter unrasierter Mann, die Nacht verbracht hat, ist nicht schwer zu erraten. »Wärs nur Glühwein«, sagt er zum Skål, und dann trabt er durch das bißchen Schnee mit der ärgerlichen Frage: »Was brauche mir der Schnee?« Die Klosterkirche hat um diese Stunde selten Besuch; die Beweinenden und der tote Herr auf der mächtigen Bildtafel sind allein, nur eine der ehrwürdigen Frauen eilt durch den Raum, lautlos, schattenhaft. –

Nach solchem Müßiggang ist es wirklich Zeit, daß ich mich an die Arbeit mache. Dafür stehen zwei Lokale zur Verfügung, ganz in der Nähe. Niemand wird mich hier suchen. Doch ist es immer besser, sie auf Umwegen zu erreichen, und solche hat sich das Städtlein, fast von so vollendet klerikaler Raffinesse wie das alte Freiburg vor seinem Untergang, seit Jahrhunderten ausgedacht. Man brauchte nicht immer zu sehen, daß die Hochwürdigen und Respektablen zum Schoppen gingen. – Die Kellnerin weiß, was ich will: immer denselben Wein und immer zwei Viertel; der Wirt ist freundlich, spricht mich aber niemals an, was das Zeichen höherer Befähigung ist. Ich packe meine Handarbeit aus, lasse mir beim ersten Schluck noch etwas vom Algemeen erzählen, etwa daß Prins Bernhard wieder verjaart ist: en feestdag voor ons geheele Volk – (Gott sei es gedankt, daß noch irgendwo ein Bild am alten Nagel hängt!) – und langsam kommt mir der Mut, die hier wiedergegebenen Torheiten und Verwirrungen in meine Schulhefte zu kritzeln.

Die Arbeit ist nun einmal die Gefährtin meines Lebens. Freilich sehe ich mich von unterschiedlichen Motiven gezwungen, sie mir immer leichter zu machen. Wenn Freunde, Teilnehmende, sogar vereinzelte wohlwollende Literarhistoriker sich dann und wann veranlaßt sehen, mir Eintrittskarten in gewisse literarhistorische Tempelbauten zu überreichen – womit sie mich wahrscheinlich über Eintrittsverbote hinwegtrösten wollen –, so bin ich sehr verlegen. Mit den Hierarchien habe ich selten Glück. Ich möchte weiter gar nichts sein als eine Existenz in der Zeit: Perfer et obdura, aber gerade für jetzt, für den Lebenstag oder die Lebensnacht. Als meine Aufgabe habe ich es angesehen, mich durch das Literarische und Ästhetische hindurchzuschlagen, natürlich ohne deren Rechte im mindesten zu leugnen. Ich erhebe keinen Anspruch auf einen guten Sitzplatz, sondern ich gehe vorüber (sonst würde mir ja Lorca nicht so viel sagen). Insofern bin ich wahrscheinlich hochmütiger als alle, die für die nächsten fünfzig oder gar hundert Jahre, in der Richtung auf die Unsterblichkeit, auf ein ehrenvolles Kapitel spekulieren und jedenfalls auf einen wohlgepolsterten Fauteuil. Ich kann das verstehen; aber es interessiert mich nicht. Das wäre Überschreitung mir unüberschreitbarer Grenzen: ich suche die Richtung auf die totale Existenz, die freilich eine angreifende Sache ist, möchte mich zur Ruhe legen mit meiner Zeit und glaube nicht, daß Zeiten in ausreichendem Maße einander verstehen können, so eben wie Mann und Frau unfähig sind, einander zu verstehen, weil die Takte des Stundenschlags auseinanderfallen. Die besten Momente des einen sind niemals die des andern; sie sind immer Phänomene der Einsamkeit. Nach ehernen Gesetzen kommt die Frau zwei Minuten zu spät. Das Unglück ist, daß die zwei nicht beim selben Uhrmacher eingekauft haben; sie haben zweierlei Uhren. Einsteins ausgleichende Formel ist hier unbrauchbar. Was nun das ›Literärische‹ betrifft und die ›Litteratoren Deutschlands‹, so hat Martial das Wesentliche auf die reizendste Weise gesagt:

Cur non mitto meos, tibi, Pontilane, libellos?
Ne mihi tu mittas, Pontiliane, tuos.

Das ist es, worum es sich im Wesentlichen handelt oder handeln sollte. Freundschaft jedoch, als menschliches Empfinden, steht hoch darüber; und Schönheit spielt im Sonnenuntergang einander sich fortsetzender Bogen von Zeit zu Zeit. Aber es ist mir nicht verliehen, solchen Zauber aufzubauen. Ich will keinen Sitzplatz, bin kein Trost der Garderobenfrau und greife die Rangordnung nicht an. Ich gehe vorüber. Ich glaube, vor den Paradiesespforten der Ästhetik, deren Schlüssel unsere Literarhistoriker und Critici in der Tasche tragen, könnte die Frage doch als Maß gelten: ob ein Mensch verstand, was ihm verweigert wurde und was er soll; ob er darauf verzichtet hat, diese heilige Begrenzung zu überbieten. Ich bin sehr glücklich: ich bin frei wie Justus Liebig, als er in seiner Dachstube in Heppenheim an der

Bergstraße nächtens eine Explosion riskierte, derentwegen er von seinem Lehrherrn als unbrauchbar entlassen wurde. Und was den Ruhm angeht, so machte mir auf dem Herwege ein Rehpinscherchen Vergnügen, das trotz des Verbotes aus der Haustür sprang auf den frisch asphaltierten Gehweg. Seine zierlichen Pfoten prägten sich ein, und die Abdrücke werden versteinern – und das Hundchen ist unsterblich, bis der Weg wieder abgetreten ist.

Der alte Turm singt sein Stundenlied über mir, von Viertel zu Viertel, und das Freitagsläuten, ohne sich darum zu kümmern, ob man ihn noch versteht; unter ihm ist Bismarck, Golem, der sich auf den Jesuitenstaffeln verstiegen hat – sein umstrittenes Denkmal natürlich – schon seit Jahrzehnten in einer fatalen Situation. Für diese Umgebung ist er zu monumental. –

Außer den Damen, die am Abend vorher ihre Schirme stehenließen, stellen sich um diese Zeit an meinem Arbeitsplatz immer dieselben zwei Stammgäste ein, die miteinander so wenig zu reden haben wie mit mir: einem jeden haben die Zeitläufte und Schicksale Stoff zur Kontemplation gegeben. Inzwischen empfängt die heute aufgetretene Dame, nachdem sie ihr Anliegen bereits dreimal wiederholt und mit Details erläutert hat, den Liebling über das Büfett. Er wird zur Strafe barsch in die Markttasche gestoßen, aber auch diese ist, als Begleiterin einer extrem auf das Reden angelegten Existenz, in Gefahr.

Die Damen bringen nur scheinbar eine Abwechslung. Zwar sind es natürlich sehr verschiedenartige Damen und Schirme. (Der Schirm paßt stets zur Dame, so wie die Wahl des Hundes immer ein Selbstbekenntnis ist.) Aber die Szene ist immer dieselbe. Doch kommen auch andere Gäste aus einem andern Bezirk: der einstige Apotheker etwa – er braucht ja nur um zwei Ecken zu gehen, und wenn er nun, meist von Mäxle, dem schwarzen Spitz, begleitet, zum Stammtisch in der Ecke emporsteigt, schlägt ihm die tägliche Glücksstunde; er läßt sich die Vesperkarte geben, bestellt nach langem Suchen und Zweifeln wie stets dasselbe Labsal, und mittlerweile hüllen die Wolken aus Pfeifen und Zigarren das Männerheiligtum ein, in das nur die Kellnerin eintreten darf. Jetzt geht auch unten auf der Straße die treue alte Seele vorüber, die von selbstloser Arbeit verbraucht wurde und auf den Einfall kam, sich für ihre alten Tage hier an der Ecke einen Ruhesitz im vierten Stock zu sichern. Sie kommt todmüde vom Markt und schleppt ihre Tasche, und die vier sehr unbequemen Treppen stehen ihr bevor. Mehr als einmal des Tages kann sie nicht ausgehen; für den Briefträger, die Zeitungsfrau, den Bäckerjungen hat sie Schnüre zu Angelleinen zusammengeknüpft, die durch das Treppenhaus herunterbaumeln, zuweilen aber auch, wenn irgendein Lausbub ihrer ansichtig wurde, keine Beute heraufbringen. – Schatten, Schatten, noch ein klein wenig zurück: dann sitzen hier Mönche im Refektorium, und wieder ein wenig zu uns her: dann kehrt Dostojewski verzweifelt vom Roulettetisch in das bescheidene Gasthaus zurück.

Er schreibt seine Hilferufe nach Moskau und Sankt Petersburg und bringt sie unfrankiert zur Post, im Selbstgespräch das dumme Verbrecherpack verwünschend, das hier wohnt, die Deutschen überhaupt und den Westen dazu, und ihnen den nahen Untergang prophezeiend. Alsbald wird er entfliehen nach Genf, heimgesucht von der Konzeption des russischen Christus, des Fürsten Myschkin – die junge Frau erwartet ein Kindchen, das ist ein berauschendes Glück und eine unsagbare Sorge. Aber da er sich mit heiliger Inbrunst nach Rußland zurückwendet, nach Rußland in seiner höchsten Gestalt und zugleich nicht nach Rußland, sondern gen Süden fährt, wie der Dämon seiner Konzeption es will (denn er soll nach Rom), geht ihm der Schmerz um den Westen durch die Seele, hätte er ihn auch nur um eines Einzigen willen geliebt, um Don Quijotes willen, dessen Heiligkeit als vollkommene Schönheit erschien. Und so grüßen sich, über den rätselschweren Kontinent hinweg, Fürst Myschkin, der reine russische Tor, der Einfältige, der unvergleichlich mehr als die Erfahrenen sah, der Gefangene Christi, Träger der heiligen Krankheit, und der Edle, der als unbeirrbarer Ritter auch in der Dirne, in der Erniedrigten, wie Myschkin die Königin ehrte, die Schwester der Jungfrau.

Schlimmer noch als in der Schenke, wo er verprügelt wurde, hätte es dem Scharfsinnigen hier ergehen können. Jedenfalls muß ich unbedingt darauf achten, daß ich fünf Minuten vor zwölf meine Hefte und Zeitungen zusammenschiebe. Denn im nächsten Augenblick wimmeln Damen durch alle Luken und Gänge herein, so wie unter einem plötzlich aufgehobenen Stein die Asseln durcheinanderschwirren: Mehrere sind mit Baskenmützen behelmt, mit Brille und Stock bewehrt und praktisch behost. Andere legen Wert auf Betonung einst geschätzter Reize. Wie eben ausgeschlupfte Raupen auf Maigrün stürzen sie sich auf die Speisekarten. Dann erfolgen Befehle in männlichem Ton, die aber nicht ganz widerspruchslos sind und ausführlicher Kommentare bedürfen. Familienverhältnisse spielen darin eine bedeutende Rolle: der Besuch des Neffen aus Düsseldorf und der Enkelin aus Berlin, die natürlich viel früher gekommen wäre, wenn nicht die Masern... Was aber die Redefreudigkeit und das Ganze der Erscheinungen und ihrer die Reste des Daseins rücksichtslos einfordernden Gebärde betrifft, so verleugne ich an dieser Stelle meine Psychologie, die ohnehin ziemlich frühe vor gewissen Erkenntnissen Halt gemacht hat. Ich verberge mich hinter dem Feuilletonisten der ›Allgemeinen Badzeitung‹, der, ich glaube im Jahrgang 1848 oder 49, in gefährlicher Zeit, gesteht, eine ›78jährige Matrone‹ gefragt zu haben, wann die erotischen Empfindungen in der Frau einschlummern. ›Da müssen Sie Ältere fragen‹, sei die Antwort gewesen. Ehre dem heiligen Don Quijote!

Aber ich bin schon lange nicht mehr im Refektorium oder in der Schreibstube Dostojewskis. Die Mimosen zittern hinter den feuchten Scheiben der Blumengeschäfte: lichte

Flamme des Südens, bald werden sie an der Atlantikküste wieder den Berg hinter Vianna überrauschen und den Pilgern goldene Hallen bauen. Im ›Atlantik‹, zur Mittagstafel, bedarf es wieder keiner Worte. Der Ober hätte sich die Schreibarbeit für den ganzen Winter sparen können; er hätte nur *eine* Rechnung zu schreiben und täglich vorzulegen brauchen. Immer stehen die 32 Pfennige hinter dem selben Markbetrag. Aber das heute gebotene Kontrollsystem läßt eine solche Vereinfachung nicht zu. ›Zerbrich mir nicht meine Reisschale‹, sagen die Chinesen. Denn das Schälchen ist sehr dünn und bekommt leicht einen Sprung; eine Frage, eine Begrüßung, ein Raubtierblick der Neugier genügen durchaus, um das Schälchen zu lädieren, und dann mag ich sehen, wie ich für morgen wieder zu einem Schälchen komme.

Für den Abend ist nichts zu besorgen. ›O senhor janta o vinho‹ (Der Herr ißt den Wein), pflegte der kleine portugiesische Ober zu sagen, wenn ich abends im Speiseraum meines Lissaboner Hotels erschien, die Speisekarte wegschob und den geliebten Dão Branco erwartete. Weltkundige, dort wohnende Deutsche schätzen diese Sorte nicht und warnen mich stets davor. Ich dagegen bleibe damit glücklich und habe sozusagen eher mit Dão als mit Tinte geschrieben, während am Kindertisch gutmütige, wollhaarige Negerammen im Verein mit den besorgten Müttern den schwermütig-reizenden Kindern aus Rio eine beträchtliche Menge Milch einflößten und ihnen dann fettreiche Eierspeisen und schmackhaftes Kraut und Truthahn und Fisch aufnötigten. Eifrig begossen sie die Teller mit Öl; sie bedeckten die Melonenschnitze mit einer Schneeschicht aus Zucker und bestanden vorsorglich darauf, daß noch eine Flasche des heilsamen, alle Funktionen regulierenden Mineralwassers getrunken wurde. Betrübt gingen die Kinderchen, im Bewußtsein, das Beste getan zu haben, Ammen und Mütter zu Bett.

Hier aber kann ich mir auch die Zeremonie mit der Speisekarte ersparen. Ich bleibe in der Halle, womöglich unter Deckung, und erquicke mich am Neuweirer. Winter in Baden-Baden. Ich glaube, seit meiner Schulzeit habe ich keinen Winter mehr hier verbracht: Es ist das Resultat von über dreißig etwas mühsamen Jahren, daß ich als Gast zu halber Kurtaxe hier dem Abbruch zuschauen darf. Und es ist ganz wunderbar, in welcher Gemäßheit die Fügung unserer innersten Natur antworten möchte. Ein Spiegel wird vor uns aufgebaut. Das ist alles, was geschieht. Blicken wir hinein? Das Feuer flackert, draußen ›plaudert‹ das Bächlein, wie man im vorigen Jahrhundert zu sagen pflegte. Jetzt erleuchtet sich zögernd das Spielzeug-Theater, das Berlioz mit einer Premiere eröffnete. Man kann in der ›Illustration‹ noch den Theaterzettel finden, aber was sollen all die vergessenen Namen? Hier also, im ›Englischen Hof‹, dessen Vorderteil amputiert worden ist (er erlitt damit das Schicksal des Zähringer Löwen, in dessen rückwärtigem Fragment wir uns unter farbenreicherer Landesfahne befinden), trafen sich die kaiserlichen Monarchen Rußlands, Frankreichs, Österreichs (1860) im reichen Kranze ihrer fürstlichen Trabanten. Der Preußengeist, vielleicht auch der dämonische Junker aus Schönhausen, sollten in ihrem Lauf aufgehalten werden. Ich erlaube mir eine kleine Abschweifung; damit der Leser, wenn er überhaupt so weit gekommen ist, sie überschlagen kann, klammre ich sie, nach einer Vorbemerkung, aus (Seite 108 bis 126).

Es geht wieder um das Jahr 1863, das so denkwürdig war für das Städtlein und es auch hätte werden sollen für das deutsche Volk. Mir war das Datum immer teuer, weil gegen Ende des Jahres Friedrich Hebbel auf seinem Schmerzenslager den tragischen Helden gestalten wollte (Demetrius), der daran scheiterte, daß er nicht töten kann. Aber in dieser Region ist es zu Ende: mit dem Leben, der Geschichte, der Kunst. Demetrius in Hebbels Konzeption hat dieser Welt wohl etwas zu sagen. Aber zu suchen hat er in ihr nichts. Ich möchte jetzt nur von einer allbekannten Anekdote sprechen. Vielleicht wirft sie einen flüchtigen Blitz in die Ära, deren Erben wir sind. –

Nun, im Sommer, da ich in Wien, in der Gegend der Votivkirche des unglücklichen Kaisers von Mexiko, meine Badner Schulhefte abtippe, habe ich es nicht weit zu Hebbels Sterbehaus an der Ecke der Türken- und Liechtensteinstraße: es ist ein nüchtern-würdiger Bau für Mietwohnungen, gelb getönt, im Stil der Mitte des neunzehnten Jahrhunderts. An der Ecke im ersten Stock ist ein Reliefbildnis angebracht, das wohl nur wenige Blicke anziehen wird; es ist zurückhaltend wie das Leichenbegängnis es war. Der geräumige Eingang ist in kühlen Formen ornamentiert. In den engen, traurigen Hof klatscht der Regen, verkümmernde Topfpflanzen stehen auf einer mehrstufigen Staffelage. Die gewundene Treppe wird von einem auf verzierten Eisenstäben ruhenden Geländer begleitet. Wie oft mag er sich auf sie gestützt haben, immer müderen, schmerzhafteren Schritts? – Jetzt geht oben eine Tür, und es ist, als werde eine leichte Last herabgetragen: früh forderte die Not der Jugend das Leben ein. Der Tote ist lange Jahre mein Lehrer gewesen in der einsamsten Zeit, forderndes Vorbild des Lebens aus dem eingeborenen Gesetz; wider jeglichen Widerspruch und unter dem Wagnis der Fragwürdigkeit lebte er Folgerichtigkeit und Stolz, stark im Bewußtsein der Tragik allen Geschehens. Am Ende, von sich selbst und herber Erinnerung befreit, milde wie der Herbst draußen über den Weingärten in Heiligenstadt, wurde er Versöhner, Anwalt der Kreatur, Bote des Friedens: auch die Welttragik ist das letzte nicht. – Ich weiche an die Wand zurück. Die Illusion ist vollkommen. Ich möchte nicht stören, nur grüßen. Und noch heftiger rauscht der Regen in die herabkommenden Tritte der Träger.

> Regen, Regen rull,
> Regen, Regen strull…

So hörte Hebbel die Mutter wieder singen in dem schlimmen Gewitter-Sommer des Jahres 1863 in Gmunden, da er, endlich Sieger in der Burg – der junge Kaiser Franz Joseph hatte zur Eröffnung des Reichsrats, am 18. Juni, die neunte Wiederholung der ›Nibelungen‹ befohlen –, sich, gemartert, schon als ›Lazarus‹ unterzeichnete: jetzt singt Antje Hebbeln wieder mit der Stimme des Regens. Alles ist leicht: das Eichkätzchen, das geliebte, das nach seinem tief beklagten Tode ausgebalgt auf des Dichters Schreibtisch saß, ›seine Lieblingsnuß in den Händchen‹, liegt bei ihm im Sarge. ›Herzi-Lampi-Schatzi‹, der zärtlichste Name, der über die herben Lippen kam, wird mit seinem Dichter versinken.

Bismarck und Lassalle

Im Herbst des Jahres 1862 war Bismarck, zuletzt preußischer Gesandter in Paris, vorher in Petersburg, nach begreiflichem Zögern und gegen ernste Widerstände politischer und menschlicher Natur zum Ministerpräsidenten und Minister der Auswärtigen Angelegenheiten berufen worden. Zwei Tage später schrieb er an seine Frau: ›Du wirst aus den Zeitungen unser Elend schon ersehen haben.‹ Er wußte ja, daß auch das ›nichts‹ ist. Aber dieses Nichts war ihm keineswegs gleichgültig. Im Mai des folgenden Jahres kam es in Leipzig unter der Initiation Ferdinand Lassalles, seiner Schriften, Reden, seiner Persönlichkeit, nach mehreren Zusammenkünften zur Gründung des Allgemeinen Deutschen Arbeitervereins, der zunächst das allgemeine, gleiche, direkte und geheime Wahlrecht erkämpfen wollte – und auf diesem Wege die Macht. Das war Ferdinand Lassalles Rat, er wurde auch zum Präsidenten gewählt: Sohn eines reichen Breslauer Seidenhändlers, Schriftsteller jüdischer Abkunft, von noch nicht vierzig Jahren (geboren in Breslau 1825), der, berühmt und berüchtigt durch den Prozeß, den er zehn Jahre lang und endlich siegreich gegen den Grafen Hatzfeld im Namen der Gräfin geführt hatte, nun mit Leidenschaft die Sache der Arbeiter ergriff. Seine Erscheinung war keineswegs damit in Übereinstimmung. Er trat als Dandy auf, mit ausgesuchter Eleganz à quatre épingles, wie der Däne Georg Brandes in einer bald nach Lassalles Tode erschienenen gescheiten und verständnisvollen Schrift nach zeitgenössischer Aussage mitteilt.

Lassalle gab den Arbeitern zu verstehen, daß er aufgrund wissenschaftlicher Verdienste und juristischer Kenntnisse unter den Maßgebenden Europas eine Berühmtheit war. Das war schlecht angebracht, aber nicht unwahr. In der Schule Hegels war er zu Heraklit gelangt. Schon auf der

Universität hatte er mit der Niederschrift seines Werkes über den Denker von Ephesos begonnen, das, aufgehalten von seinem tumultuösen Leben, erst im Jahre 1858 erscheinen sollte, und zwar in dem grundsoliden Dunckerschen Verlagshaus: noch 1876 hatte Franz Duncker den Mut, sich, bei allen Vorbehalten, zu dem Freunde Lassalle zu bekennen. Kenntnisse und Einsichten belohnten den jungen Gelehrten mit Hochachtung und der Fürsprache maßgebender Männer: Alexander von Humboldts und August Böckhs. Seine glänzende Beredsamkeit und bezaubernde Konversation öffnete ihm die Türen der ersten Salons – während er allerdings für eine gewisse zähflüssige Schicht der ›Judenbengel‹ blieb, als welchen ihn Graf Hatzfeld titulierte.

Daß der Gründer der deutschen Sozialdemokratie als einer politischen Formation von dem ›Dunklen‹ von Ephesos ausging, ist bezeichnend: der Weg hinauf und hinab ist derselbe, Sein und Nichtsein fallen zusammen; der Tag ist nur die Bewegung zur Nacht, die Nacht die zum Tage. Das heißt, in das menschliche Dasein übertragen, Ruhm und Schande, das Werk und sein Zerfall werden sich unausbleiblich als ein und dasselbe erweisen: wir sollen mit verzehrender Folgerichtigkeit das Eine, uns aufgetragene, ergreifen, wissend, daß das Andere kommen und die Ergebnisse unserer Mühe aufheben wird.

Bald darauf sollte sich auch Nietzsche den Dunklen von Ephesos zum Meister erwählen; beide, der prometheische Denker und der aristokratische Agitator, suchten vor dem Ausritt auf dem Wege zur Macht ihre Verletzbarkeiten zu panzern mit der Lehre vom tragischen Kreislauf, der Verkettung des Aufgangs mit dem Untergang, mit dem Entschluß zu der geheimnisreichen heraklitischen Existenz. ›Derselbe ist Hades und Dionysos‹: dieses Wort des Meisters galt für beide. Und auch Empedokles soll nach der Überlieferung in den Hades hinabgestiegen sein. Das Vorbild bedeutet Weg, Geschick. Sollte der späte Sänger des Empedokles ihm die Nachfolge verweigert haben?

Überdenkt man die Fortentwicklung und Umgestaltung, die dem Arbeiterverein und der sozialdemokratischen Partei beschieden waren, so wäre es nicht leicht, eine Brücke zum Initiator zu finden, wollten wir nicht den Haß bedenken, den Ferdinand Lassalle gegen das Bürgertum empfunden haben muß. Er war gesonnen, sich für Jahrhunderte oder Jahrtausende zu rächen. Die ihm zujubelten, verstanden ihn natürlich nicht. Auch hatte er sich, gegen die gefährliche Weisheit des Ephesiers – eines Mannes übrigens aus königlichem Geschlecht, der die Königswürde seinem Bruder überließ –, in Fichtes radikaler Sittlichkeit ein wirksames Medikament verschafft. In den Antithesen dieser Existenz wohnt unsagbares Leid. Die verhaßtesten Erscheinungen dieser Welt, soll Lassalle einmal gesagt haben, seien für ihn Journalisten und Juden – und er sei beides. Es ist kein Kunststück, von da seinen Machtanspruch abzuleiten, aber diese existentielle Kalamität wird doch nicht ausreichen: Lassalle sah ein von der Geschichte endlich heraufgebrachtes Recht – und er sah ein empörendes Unrecht auf der andern Seite und trat, gewissermaßen spielerisch, im Brillantfeuer auf die Szene. Selten, sagt Georg Brandes, sah man schwere Waffen so leicht getragen. Der Däne hat das Weltgeschichtliche dieser meteorischen Figur erfaßt: Lassalle trat dort auf, ›wo das Deutschland Hegels sich in das Deutschland Bismarcks verwandelt hat‹.

Freilich legte dem Revolutionär von unten, dem Jünger des Dunklen von Ephesos, der Haß eine Binde um die Augen, aber doch eine durchsichtige: wenn der Bürger die Werke der Denker lesen würde, die er feire, erklärte er, würde er sie verbrennen. Immer auf dem Wege, die größeren Schicksale zu erreichen, die nach dem Epheser Weisen auch das größere Los erlangen (was ist Los, in welcher Realität?), wagte er, was zwar richtig, aber am wenigsten zu raten war: die Herausforderung der Presse, die natürlich heute vernichtet und morgen von der erfahrenen Beleidigung zehrt. Welche Gelegenheit zur Herabsetzung ihm seine Abstam-

Ferdinand Lasalle

mung eintrug, braucht nicht erörtert zu werden. Sein Elend
war es, daß er nur mit dem Stock sich verteidigen konnte,
wenn er mit dem Degen angegriffen wurde. ›Wenn ihr
auf dem Gipfel des Staates die Geige streicht, was könnt
ihr andres erwarten, als daß die drunten tanzen?‹ Aber
in jeder Wahrheit war auch ein Gebrechen: Trommel-
schall und Trompeten sollten ihn, wie Brandes sagte, be-
gleiten.

Er hatte, wie nicht erstaunlich, in Paris des viel älteren
Heine bewundernde Sympathie erregt und von ihm gewissermaßen einen Adelsbrief empfangen. Mit der schwülen

Pracht des Orients, den er zweimal bereiste – vielleicht war es die Sehnsucht nach der Heimat – schmückte er seine anspruchsvoll-flüchtigen Wohnungen aus. Seine Finanzen sollten endlich in Ordnung kommen, wenn der von ihm mit verblüffender Sicherheit, mit einer Art genialer juristischer Frechheit glänzend geführte Prozeß der Gräfin gewonnen war. Wie immer seine Beziehung zu der ritterlich vertretenen Dame gewesen sein möge: er hatte nicht vergessen, durch einen Vertrag sich für den Fall des Sieges einen Anteil an dem umstrittenen Vermögen zu sichern. Und nun:

> Zitternd von Leidenschaft, vor Wollust rasend
> Kopfüber in den ungeheuren Streit,

wie er seinen Ulrich von Hutten in einem nicht gerade ruhmgekrönten Drama sagen läßt. Er folgte einer im Grunde seinen Geist demütigenden Schwäche für die Aristokratie, wahrscheinlich ohne sich jederzeit einzugestehen, daß er in ihren Häusern niemals als ebenbürtig galt, mochte er auch funkeln und blitzen im Gespräch: jedenfalls gingen sein imperialer Ehrgeiz, sein Verlangen nach Rache und Gericht, seine echte Neigung zu den Mißbrauchten, den Erniedrigten und Beleidigten, eine Synthese ein. Niemand kann sagen, welcher Impuls dominiert. Auch dreht sich die Kugel dieser Spannungsballung unaufhaltsam in glänzenden Farben.

Der Zukunft war er ganz sicher; vom Geschichtlich-Sozialen her konnte er es sein, nicht als Träger seines Schicksals. Und doch hatte ihn der Dunkle von Ephesos gelehrt, daß des Menschen Gesinnung sein Schicksal ist. Nun, das war seine Freiheit – und Freiheit, nach seiner Überzeugung, das letzte Wort Heraklits, die Idee der Freiheit der Schlußstein aller Philosophie –, daß Hinauf und Hinab unauflöslich verschlungen waren: daß sie den unzerstörbaren Weltknoten bildeten, daß nur der Sterbende lebt. In seinem ein riesiges Material von den Vorsokratikern bis Plotin, den jüdisch-arabischen Philosophen bis zur Moderne souverän verwertenden Werke bekämpfte er mit bestechendem Scharfsinn die These, daß Heraklit das Ende der Welt im Feuer gelehrt habe: es gibt keinen Untergang, weil der Untergang in Ewigkeit perenniert, das sei Heraklits eigentliche Überzeugung gewesen; perennierendes Verzehren und Verlöschen ist das Dasein selbst. Lassen wir ihm ruhig seine Fatalitäten und Eitelkeiten: ›Wohl haben Sie das Recht, frech zu sein‹, schrieb ihm Heine, ›wir Andern usurpieren bloß dieses göttliche Recht, dieses himmlische Privilegium. In Vergleichung mit Ihnen bin ich nur eine bescheidene Fliege.‹ Und, in dem schon erwähnten Empfehlungsbriefe: ›Herr Lassalle ist nun einmal so ein ausgeprägter Sohn der neuen Zeit, die nichts von jener Entsagung und Bescheidenheit wissen will, womit wir uns mehr oder minder heuchlerisch in unserer Zeit hindurchgelungert und hindurchgefaselt haben.‹ Der kurze Flug dieses Genies durch die Jahrhundertmitte hat etwas Erschütterndes. Die Alten sagten vom Paradiesvogel, daß er nur lebe, solange er fliege, und schmückten sein Bildnis mit der Devise: ›Si moror morior‹. Das hätte Lassalles Devise sein können; kein Verständiger wirft dem Paradiesvogel seine Eitelkeit vor, die eben zu seinem Farbenspiel gehört: wenn er sich nicht zur Geltung brächte, wäre er nicht, was er ist.

Aber Lassalle bevorzugte nach frühen bittern Erfahrungen, fatalen Demütigungen und glänzenden Siegen einen Vers Virgils, den er, wie Brandes meint, Tag und Nacht mit sich trug:

Flectere si nequeo Superos, Acheronta movebo.

Das war nun seine Bestimmung und mußte seine Tragödie werden, die Unteren, den Acheron heraufzurufen gegen die Oberen, die herrschende Klasse. Individuen können irren, Klassen niemals, versicherte er. Und er nahm die in seiner Ära herrschende Klasse, die seines Feindes, des Grafen Hatzfeld, in deren Häusern er so gerne zu Gast war, keineswegs aus. Als snobistischer Pseudo-Aristokrat betrieb er die

›praktische Agitation‹ und durch sie die gerechte Sache, das Recht der Geknechteten.

In allem, was sein Verhältnis zur Zeit bestimmte, war er erleuchtet, denn nicht der Mensch mit dem Palmenzweige war am Tor des Jahrhunderts gestanden, und nicht Napoleons Lorbeeren haben es umkränzt: der Eingang war das Laboratorium des Grafen Alessandro Volta in Padua, das Heiligtum, in dem dieser seine ›Säule‹ aufgerichtet hatte, einen Aufbau aus Plattenpaaren von Kupfer und Zink, zwischen denen mit Schwefelsäure getränkte Filzscheiben lagen. Diese kraftgeladene Säule ist Symbol einer weltumwandelnden Energie, die gegen Ende des Jahrhunderts, mit bestürzenden Entdeckungen, auf ungeahnte Bahnen wies. Übrigens hatten Napoleon I. wie auch später Napoleon III. entweder Einsicht in die Bedeutung solcher Entdeckungen, ihren Zusammenhang mit der Geschichte, oder gute Berater: sie zeichneten die Erfinder durch Preise aus.

Während Lassalle in einem tiefgründigen juristischen Werke am römischen Beispiel das Verhältnis zwischen dem gewordenen historischen Recht und dem immer neu auftretenden Rechtsbewußtsein eines Volkes untersuchte, aus dem ja auch das historische Recht gekommen war, machte er sich Gedanken über das Wesen der Revolution und über die politische Schuld. Das zunächst in voller Bewußtheit auf den richtigen Ausgangspunkt, das Wahlrecht, konzentrierte revolutionäre Unternehmen unterlag von Anfang an der tragischen Dialektik zwischen Weg und Ziel: ends and means, eine Dialektik, die innerhalb des Geschichtlichen unabänderlich auftritt, aber nicht auftreten sollte. Die radikale Idee – das ist Erfahrungsweisheit – muß sich verleugnen oder abschwächen, wenn sie in die geschichtliche Wirksamkeit eingehen will; der Revolutionär setzt von Etappe zu Etappe ein Ziel, während er das eigentliche Ziel verschweigt. Er wird unabänderlich schuldig an der Idee, und doch ist nur sie, in der Reinheit ihrer Radikalität, Feuer und Legitimation der Revolution. Das ganz Eigentümliche die-

ses Denkers ist, daß er eine in der Geschichte, der Weltge-
stalt, nicht realisierbare Forderung oder Einsicht als Wahrheit nicht anerkennen wollte. So sah er auch die angestrebte
Revolution, die er, wie gesagt, nur von der ersten Station aus
signalisierte, im Zusammenhang mit der Politik, dem zu seinem letzten verderblichen Triumphe sich aufschwingenden
Nationalismus. Er bejahte ihn leidenschaftlich in einer Situation, die der des Historikers und Kirchenrechtlers Friedrich Julius Stahl (1802–1861) trotz aller Gegensätze nahe
war: es war eben die Situation hochstehenden Judentums
von historischem Bewußtsein. Die nationalistischen Eini-
gungsbestrebungen überhaupt, der Krieg der zur Nation
sich umwandelnden Italiener gegen die Österreicher, waren
für ihn geheiligt: und diese ›Heiligung‹ war durchaus desselben Ranges wie die revolutionäre Mission. Eine Revolution,
die sich nicht in die große Politik fügen konnte, wäre für
Lassalle falsch gewesen, und zwar mit Bezug auf ihren ideel-
len Gehalt, ebenso wie eine gescheiterte Revolution.

Den Kummer über das mißglückte Drama ›Franz von Sik-
kingen‹ und den bittern ästhetischen Tadel seines kunstver-
ständigen Biographen Georg Brandes können wir ihm nicht
erleichtern. Auf diesem Gebiete ist der Sohn des Breslauer
Seidenhändlers ein Vorläufer Wildenbruchs gewesen, ohne
über dessen bedeutende szenisch-gestalterische Begabung
zu verfügen. Im dritten Akt, in der das Stück bestimmenden
Aussprache, sagt Sickingen, der Mann der geschichtlichen
Realität, zu Hutten, dem revolutionären Enthusiasten:

> Das Ziel nicht zeige, zeige auch den Weg.
> Denn so verwachsen ist hienieden Weg und Ziel,
> Daß eines sich stets ändert mit dem andern
> Und andrer Weg auch andres Ziel erzeugt.

Es ist eine Einsicht von außerordentlicher Bedeutung: das
Ziel verändert sich mit dem Weg. Vieleicht ist das ein Gesetz
der Revolution überhaupt.

In einem sehr bedeutenden Aufsatz, in dem der Autor sein

mißgeborenes Lieblingskind zu verteidigen suchte, wirft er das Problem der politischen Schuld auf (um 1859): Das ›Listen‹, das Zugeständnis an historische Gegebenheiten um der Verwirklichung der Idee willen, sei Sickingens Schuld gewesen an der Idee, eine durchaus tragische Schuld. Zwar erscheine sie als intellektueller Irrtum, außerhalb des Sittlichen (das streng vom Moralisch-Persönlichen geschieden wird als existentiell-geschichtliche Verpflichtung), und also als nicht tragisch. Aber – und das ist eine Einsicht, die ernstlich noch gar nicht aufgenommen wurde – intellektuelle Schuld ist sittliche Schuld. Wer glaubt, die Welt umstoßen zu müssen, ist der Welt a priori verpflichtet. Und wer eine sittliche Idee vertritt ohne radikale Gewißheit, versündigt sich an ihr. Sickingen muß fallen: er will Kaiser werden, aber er wagt nicht, den Kaiser zu stürzen. Er wagt nicht, das Reich zu zertrümmern, um ›seines Reiches‹ willen. ›Oder, um jetzt meine Ansicht in aller Bestimmtheit und Schärfe hierher zu setzen, jede wahrhaftige sittliche Schuld ist *nur* eine intellektuelle, und *nur* solche Schuld ist eine *sittliche,* welche eine intellektuelle ist. Denn die sittliche Schuld besteht eben, im Unterschied von der moralischen, welche lediglich dem besonderen Subjekt und seiner Innerlichkeit anklebt, in nichts anderem, als in der *Praxis und Realisation* eines objektiven und relativ berechtigten Gedankens und Gedankenstandpunktes, der aber seines dialektischen Gegenteils nicht Herr ist, deshalb den Einklang in der Ideenwelt wie in der Rechtswelt verletzt und darum in der Theorie einseitig, in der Praxis schuldvoll ist.‹

Lassalle hat damit einen Sachverhalt formuliert, dem Staatsmänner, Forscher, Völker niemals werden ausweichen können: intellektuelle Realität ist geschichtliche Realität, und geschichtliches Dasein ist ›Nachahmung des Kosmos‹, verpflichtende Existenz in unübersehbaren Zusammenhängen. Der Autor aber ist der Gedanke, und der Täter ist nur der Kulissenmeister.

Sickingen also muß fallen, denn er hat um der Idee willen

die Idee verleugnet, er erkennt es zu spät, spielt nun sich und das Reich ›auf Schwertesspitze‹ aus: er ruiniert die Idee und das Reich. Wer *sein* Reich will, muß das Reich vernichten.

Langsam wird es uns klar werden, wie abgründig das Mißverständnis zwischen dem Leipziger Allgemeinen Deutschen Arbeiterverein und Ferdinand Lassalle gewesen sein muß, und wie gut man in der Nachfolge tut, nicht von dem Gründer zu reden. Mit Karl Marx, der wie sein Meister keineswegs leicht auszulegen ist, bleibt noch immer ein besseres Auskommen. Er hat sich ja, was das Äußere angeht, auf seine Londoner Emigrationswohnung beschränkt. Die Berechtigung der sozialen Forderung beider ist unbestreitbar. Lassalle aber hat diese Forderungen innerhalb letzter Zusammenhänge gesehen. Er hätte von seinem Ort echtes Geschichtsbewußtsein in das Volk tragen können. Und dazu ist es nicht gekommen. Vielleicht hätten ihn die Massen zur Macht getragen, um die es ihm ging: ohne die Kaiserkrone tut es Sickingen nicht. Vielleicht hätten sie ihn allzu rasch verlassen. Die ein wenig verwirrte, unsichere Volksmasse zu Füßen des Dandy im Leipziger Versammlungslokal ist bedrückt: bald wird sie einen Sprecher finden, der ihren Dialekt fehlerlos spricht.

Was nützt es, fragte er, für eine Nation zu schreiben, die nicht einmal das liest, was sie hat? Er leitete damit den Versuch ein, Fichtes politisches Vermächtnis für seine Zeit zu erneuern. Hier zitiert er den unumstößlichen Satz: ›Ein Volk begreift sich nur als solches durch seine Geschichte.‹ (Das Problem ist nur ernster geworden: wer vergegenwärtigt dem Volk heute Geschichte, wer bewegt das Volk, in der Geschichte sich selbst zu begegnen?) Patriotischer konnte man nicht empfinden als Lassalle – es ist ein keineswegs ungefährlicher Patriotismus; das war ihm wahrscheinlich bewußt: ›Die Geschichte hat Verzeihung für alle Irrtümer, für alle Überzeugungen, sie hat keine für Überzeugungslosigkeit.‹ Am 3. Mai 1849 in der bewundernswerten Rede, mit der sich Lassalle vor den Geschworenen in Düsseldorf gegen die Anklage verteidigte, die Bürger zum bewaffneten Widerstand gegen die königliche Gewalt aufgerufen zu haben, argumentierte er in leidenschaftlicher Beredsamkeit gegen den passiven Widerstand: dieser hat nur seine Berechtigung als ausharrender Heroismus, wenn alle Mittel des aktiven Widerstands zerbrochen sind, aber der passive Widerstand von vornherein ist ebenso schmählich wie unverständig und feige: ›Der passive Widerstand, meine Herren, das ist der Widerspruch in sich selber, es ist der duldende Widerstand, der nicht widerstehende Widerstand, der Widerstand, der kein Widerstand ist. Der passive Widerstand, das ist wie Lichtenbergs Messer ohne Stiel, dem die Klinge fehlt, das ist wie der Pelz, den man waschen soll, ohne ihn naß zu machen.‹

›Der passive Widerstand, das ist der bloße innere Wille ohne äußere Tat. Die Krone konfiszierte die Volksfreiheit und die Nationalversammlung dekretierte zum Schutz des Volkes den bösen Willen.‹ – ›Welcher kombt wider euch und sagt die wahrheyt, der muß sterben.‹ Aber diese Reflexion, die Bombast auf seinem Reisebettlein anstellte, hätte den Agitator zwischen allen Fronten keineswegs entmutigt.

In der fatalen Hatzfeldschen Sache, die Lassalle wahrscheinlich den Vollzug seiner Mission gekostet hat, waren gegen ihn, wie er am 11. August 1848 vor den Kölner Geschworenen erklärte, ›alle Schleusen der Verleumdung‹ geöffnet worden; selten sei über jemanden beharrlicher, systematischer, selbst mit den verbrecherischsten Mitteln das Gift der Verleumdung ausgespien worden wie über ihn: er sollte sogar für seinen Gegner, den Grafen, als er ihn zur Aussprache erwartete, vergiftete Zigarren zurechtgemacht haben. Einmal, an einer meisterlich herbeigeführten Kulmination der Kölner defensio, unterbrach ihn rauschender Beifall des Publikums. Dieses wurde sofort vom Präsidenten gemaßregelt. ›Hier ist nicht der Ort zu Beifallsbezeugungen. Sie sind nicht im Theater. Bei dem ersten Beifallszeichen werde ich Sie den Saal räumen lassen.‹ – wobei das Publi-

kum mit Oho! geantwortet haben soll. Natürlich waren sie
alle im Theater. Wie hätte der Angeklagte die Wahrheit sagen können von seiner Beziehung zur Gräfin, und wie miserabel spielten die Zeugen ihre Rolle! Lassalle fand denn
auch, ganz auf seine Weise, nach einer Rede, die achtzig
Druckseiten beansprucht, den theatralischen Abgang:
›Meine Herren, ich hätte Ihnen noch vieles zu sagen, viel
hinzuzufügen. Aber seit acht Tagen stehe ich auf der Ankla-
gebank... meine Kräfte brechen... ich kann nicht mehr.‹
  Versucht man, sich eine solche Persönlichkeit, in der Ge-
nialität, Fragwürdigkeit und Problematik, geschichtliche
Berufung und Eitelkeit, Ernst und Leichtsinn im Verhältnis
wechselseitiger Steigerung stehen, zu vergegenwärtigen,
hört man die Marseillaise, die diesen hochgeistigen, diesen
einsamen Praktiker umrauscht – ›Schon höre ich in der
Ferne den dumpfen Marschtritt der Arbeiterbataillone...
Näher und näher rückt die Zeit‹ – ›Rettet euch, rettet
Deutschland!‹ und die abgründige Frage: ›Sollten wir
Deutsche die Juden sein unter den Völkern Europas‹, das
heißt die Dulder und Verachteten, die sich im Geist ver-
schenken, die Ausgestoßenen, die ihre Sendung verfehlt haben, – versteht man diesen einzigartigen Mann im Glanze
seiner Unmacht, seiner Schande, seiner verwegenen Sieges-
zuversicht, die in jedem Falle sich im Bunde weiß mit der
Weltgeschichte, mit dem schwäbischen Propheten des
Weltgeistes und seiner schaurigen Ironie und dem Dunklen
von Ephesos: dann, unter so vielen, allerdings ein wenig be-
schwerlichen Voraussetzungen, wird man die Einladung respektieren, die Otto von Bismarck, seit nicht viel mehr als
einem halben Jahre Ministerpräsident, am 11. Mai 1863 an
den Agitator richtete: unabhängige Männer sollten sich
über die Verhältnisse der arbeitenden Klasse besprechen.
  Wie die Unterredung im Juni 1863 verlief, können uns nur
Vermutungen der Historiker sagen. Es ging sicherlich, wie
Erich Eyck annimmt, um das Geschichtlich-Konkrete, um
den nächsten Schritt, also etwa um das Problem der direkten

und indirekten Steuern. Lassalle, gewohnt, Geschenke zu machen, reichte dem Ministerpräsidenten ein erstaunliches, indem er ihm das Geheimnis verriet, ›daß sich der Arbeiterstand instinktmäßig zur Diktatur geneigt fühle‹: es ist eine Einsicht von immenser Bedeutung, die von Schuld und Schande der zwölf Jahre keineswegs aus der Welt gespült worden ist.

Welche Faszination des Rencontre! Sie verstanden sich in nichts und in allem; sie waren einander so konträr, daß sie hätten Freunde werden können, wider die Gesetze des Blutes, der Überlieferung, der Lebensform. Der märkische Junker war Hausvater, in gewissem Sinne doch Wirt, Bauer, aber höchst raffiniert im politisch-diplomatischen Spiel; der Sohn des Breslauer Seidenhändlers sollte es nie zu einem Hausstande bringen: die Unmöglichkeit, glücklich, beständig, befriedet zu werden, hatte sich frühe eingenistet in seiner Existenz; er war ein Flugsame, reich an unbekannten Kräften, und nun schwebte er durch das Geäst der Eiche. In einer Dimension, die uns kaum erreichbar ist, muß das Gespräch stattgefunden haben.

Vierzehn Jahre später, 1878, nach welchen vierzehn Jahren!, soll Bismarck gesagt haben, einen Gutsnachbarn wie Lassalle, einen Partner dieser Art, hätte er sich gewünscht. Welche Kühnheit und Freiheit der Vorstellung: Lassalle als Gutsherr in der Mark oder in Pommern! Freilich, Lassalle überstürzte sich, er hatte ja wenig Zeit, der Ministerpräsident wußte, als bezauberter Zuhörer, zu schweigen. ›Was kannst du armer Teufel bringen?‹, will er sich in dieser Begegnung, der nach der scharfen Zäsur der Bismarckschen Presse-Verordnung nur noch eine folgen sollte, gefragt haben. Das bedenkenlose Freibeutertum, mit dem Bismarck sich in das ›Elend‹ gab, eine eigentümliche Form des Nihilismus aus seiner frühen Zeit, den auch die Frömmigkeit der Puttkamer und Thadden-Triglaff nicht aufheben konnte, mag ihn für Lassalle vorbereitet haben. Erinnern wir uns noch einmal an die Verteidigung Sickingens und die Rechtfertigung seines Untergangs: ›Mit einem Fußtritt seine diplomatischen Bedenklichkeiten und Listen hinwegschleudernd, spielt er sich und das Land jetzt auf Schwertesspitze.‹ Im Grunde waren die Gartenstille von Schönhausen und das Glück des Entenjägers in seinem schaukelnden Korb nur eine idyllische Lüge: der Junker sympathisierte mit tragischer Heimatlosigkeit, mit der jüdischen Rätselgestalt, der alles zwischen den Fingern zerrinnt: Gold und Genie. Den Nachbarn, den er sich ersehnte, konnte er nicht erhoffen. Er sah ihn nur vorübergehn. Ein Blitz zuckte über dem tragischen Geheimnis, das Juden und Deutsche verkettet, über gewesener Begnadung und fortwährendem Fluch: hier transzendierte Geschichte.

Natürlich vergaß keiner, daß der andre sein Todfeind war, und niemals hätte Bismarck in späteren Kämpfen darauf verzichtet, seinen Feind zu vernichten, wenn er es für nötig gehalten hätte. Ein jeder wollte die Masse: für Lassalle war sie eine Art unfehlbarer, dennoch im geheimen lenkbarer Gottheit, für Bismarck ein Instrument, das er sich zu formen gedachte. Lassalle half dazu, daß das allgemeine Wahlrecht, das er als nächstes konkretes Ziel ins Auge gefaßt hatte, ohne von dem weiteren zu sprechen, sich durchsetzte; so konnte Bismarck ihn als Bundesgenossen gebrauchen: der Ministerpräsident war überzeugt, daß es ihm gelingen werde, die wahlfähigen Massen dem Agitator zu entreißen und sie vor den eigenen Wagen zu spannen. Einig waren sie bis zu einem gewissen Punkte – dem Aufbau des Bundes – in der deutschen Frage: ›An dem Tage, wo der Sonderstaat Österreich vernichtet ist,‹ erklärte der Preuße Lassalle, ›erblassen zugleich die Farben auf den Schlagbäumen.‹ An diesem Tage ist Deutschland konstituiert. Im Verfassungskampf des Jahres 1862 hatte Bismarck Wendungen gebraucht, die sich an Formulierungen Lassalles anschlossen. Sie beide als ebenso extreme wie wagemutige Existenzen sympathisierten in dem Haß auf jeglichen ›Fisch ohne Gräten‹, den Bourgeois von Geburt: ›Der Bürger feiert unsern Denkern Feste, weil er niemals ihre Werke gelesen hat‹: das ist die Folge der ›Zeitungspest‹, deutschen Zeitungskultes und der in dessen Namen erfolgten Inthronisation der ›öffentlichen Meinung‹.

Auch darüber hat Hegel, der alte Meister, das Beste gesagt: ›Die öffentliche Meinung verdient ebenso geachtet als verachtet zu werden, dieses nach ihrem konkreten Bewußtsein und Äußerung, jenes nach ihrer wesentlichen Grundlage.‹ Und Fichte verspottete den Bürger, der kein Buch las, sondern nur Journale über Bücher; das ist eine besondere species, der ›reine Leser‹, der eben nur liest und nicht verarbeitet und nicht tut. Wahrscheinlich verfolgte Bismarck mit ingrimmiger Genugtuung Lassalles Attacken auf den wackern Schulze-Delitsch, den Gründer des Genossenschaftswesens: Lassalles Argumente, natürlich nicht seine Position, wurden sogar von der ›Kreuzzeitung‹ gebilligt. Im übrigen war Lassalle keineswegs ein Mann des Maßes: ›Wir haben kennengelernt, was Sie sind‹, rief er dem Gegner zu, ›und was Sie können. Sie sind – verzeihen Sie mir das edle Bild, aber ich kann das wirklich zutreffende nicht anwenden –, Sie sind ausgeweidet wie ein Hirsch, und neben mir hält meine Dogge Ihre dampfenden Eingeweide im Munde.‹ Das widerliche Bild ist bezeichnend: Lassalle dachte sich in die Feudalität, in die Lebensform Bismarcks. Im übrigen: ›keinen Versöhnungsdusel, keinen Kompromiß‹. ›Den Daumen aufs Auge und das Knie auf die Brust!‹ In Wahrheit fühlte sich Lassalle bereits als Regent des von ihm konstituierten ›Reiches‹, natürlich Bismarck gegenüber eine scherzhafte Wendung gebrauchend.

In dem großartigen Brief, den er im Juni 1863 nach der ersten Unterredung an den Ministerpräsidenten schrieb [Das Buch deutscher Briefe, Wiesbaden 1957], spricht er von diesem seinem ›Reiche‹ und seiner Verfassung. Ist es Drohung? Ist es Angebot? Der Arbeiter wäre, trotz aller republikanischen Gesinnung, bereit, in der Krone den natürlichen Träger der sozialen Diktatur anzuerkennen. Nur um

Diktatur kann es sich handeln, um den Sturz der herrschenden Klasse, die gleichwohl, nach Hegel, legitimiert war, deren Legitimation aber nun aufzuheben ist unter dem Befehl des Weltgeistes: es geht nicht an, daß siebzehn Millionen für elftausend produzieren, für sie die Schlachten schlagen, die direkten und indirekten Steuern einbringen. Aber nicht der Oberschicht gilt Lassalles glühender Haß: sondern dem liberalen Mittelmaß, der Fortschrittspartei.

Man muß es bedauern, daß es zu dem großen offenen Kampf zwischen den beiden nicht gekommen ist; Lassalle stand schon dicht vor der Abberufung. Aber kein Zweiter war imstande, mit solchem Rüstzeug, auf solcher Höhe, in diesem Glanze der Dialektik und Ironie, mit dieser verwegenen Entschlossenheit die sozialen und politischen Fragen dem bedeutendsten Widersacher entgegenzuwerfen und mit ihm zu ringen. Es hätte zu einem Schauspiel ohnegleichen im Reichstag kommen müssen, und es ist nicht leicht zu sagen, wie der Kampf verlaufen wäre. Lassalle hatte nicht die Wucht Bismarcks, und es ist wahrscheinlich durchaus möglich, daß die Massen, in die er nicht gehörte, von den Argumenten des platten Verstandes sich hätten von ihm abwenden lassen. Da er aber von der nationalen Seite her kam, von Geschichte erfüllt war und die Notwendigkeit der festen Form erkannt hatte: so hätte er zum mindesten Bismarck zu sehr bedenkenswerten Antworten herausgefordert. Der Kampf zwischen beiden hätte vielleicht das deutsche Volk gezwungen, auszutragen, was unausgetragen blieb und sich in der Folge eher destruktiv als konstruktiv ausgewirkt hat. Dieses Duell hätte ein Bild des Geschichtlichen überhaupt werden können; es hätte vielleicht die soziale Organisation vor den Banalitäten bewahrt, in denen sie versinkt. Der Brennstoff wäre nicht so bald ausgegangen.

Begegnung und Abschied fallen fast zusammen: ›Ein Feind, aber ein offener und ehrlicher Feind des bestehenden Systems, fühle ich mich, da Ew. Exzellenz einmal meine Ansichten zu hören gewünscht haben, in meiner Loyalität genötigt, dies offen auszusprechen, und bin bereit zu mündlicher, näherer Begründung.‹ Lassalle zweifelte keinen Augenblick, daß Bismarck, wenn er in der bisher eingehaltenen Richtung fortschreite, den Sieg seiner, der revolutionären Ideen, bewirken werde. Und er hat darin, in gewissen Grenzen, recht behalten.

Aber wie leidenschaftlich Lassalle auch den Wert der unmittelbar sich auswirkenden Tat, der praktischen Agitation vertrat; wie fest er überzeugt war, daß die Idee nur in ihrer geschichtlichen Realisation, von Etappe zu Etappe, sich als wahr erweisen könne: so behielt er doch eine spielerische, eine leicht hochstaplerische Geste. Im August 1864 rief er in einer Schicksalsverstrickung Herwegh nach Basel: wie konnte er von dem armen Poeten Hilfe erwarten? Lassalle hatte sich mit Helene von D., der Tochter eines bayerischen Diplomaten, kompromittiert, die ihn im Rigi-Bad besucht hatte. Als ihre Eltern die geplante Verbindung ausschlugen, flüchtete sie zu Lassalle. Er führte sie zu den Eltern zurück, worin Georg Brandes einen bedenklichen Rückfall in das Kleinbürgerliche sieht. Lassalle, noch immer unter der ›mütterlichen‹ Führung der Gräfin Hatzfeld, soll bereitgewesen sein, der Eheschließung wegen katholisch zu werden. Die Gräfin begann darüber und über die Trauung mit dem Bischof Ketteler zu verhandeln, der sich in seiner sozialen Sorge – leider als Anonymus – anfangs des Jahres an den Gründer des Arbeitervereins gewandt hatte. Inzwischen sagte Helene sich von Lassalle los; ihr Bräutigam, Herr v. R., trat an ihre Seite. Die Herausforderung war nicht zu vermeiden: Punktation.

Fünfzehn Schritt fester Stand – Schuß innerhalb 20 Sekunden, markiert durch 1. 2. 3. Anfang, Mitte, Ende. Glatte Pistolen mit Visier und Korn, Haltung beliebig. – Drei Kugeln pro Mann… Und dann die Sekundanten. – Der Gegner soll sich den ganzen vorausgehenden Tag mit dem Einschießen beschäftigt haben, Lassalle hatte nicht einmal eine intakte Pistole; er mußte sie zur Reparatur geben und empfing sie

erst wenige Stunden vor der Entscheidung von seinem Sekundanten. Sie fuhren nach Carrouge vor Genf, auf französischen Boden. Nach fünf Sekunden feuerte Herr von R.;
Lassalle, getroffen, erwiderte sofort, fehlte aber. Dann trat
er aus dem Spiel. Er ließ sich zurückfahren. Man suchte das
holprige Pflaster zu vermeiden. Noch ging er sicheren
Schrittes die Treppe im Hotel Viktoria empor, um die ihn
erwartende Gräfin nicht zu erschrecken. Unter Betäubun-
gen starb er am dritten Tage darauf.

Die große Mission war mit lässiger Hand verspielt, ohne
Notwendigkeit, in Verstrickung. Erinnern wir uns aber, wie
rasch Bismarck wenige Jahre vorher bereit war, sich mit dem
österreichischen Minister Graf Rechberg zu duellieren, wie
impulsiv er seine große Sache in eines Feindes, in des Zufalls
Hände gab: die beiden waren einander merkwürdig nah im
Ernste der Tat wie in der Verachtung der Welt. Daran än-
derte nichts der latente Konflikt zwischen ihnen, der zum
Unglück aller nicht zur Entladung kam: das Problem der

Zweispänner
›Noveau système d'attelage et de dételage‹

politischen Schuld hätte vor ihren Schicksalen, dem über Gipfel in Düsternis und gramvolle Reflexion absinkenden Bismarcks und dem jäh abgebrochenen Lassalles, im Relief erscheinen können. Nur ein imaginäres Gespräch, ›imaginäre Porträts‹ (Hans Fronius) könnten dieses durchlebte, nicht ausgesprochene Problem vergegenwärtigen. Bismarck hätte den ›Tell‹ auf dem Höhepunkte beschlossen – oder ins Tragische gewendet. Es wäre ›nobler‹ gewesen, erklärte er in einem Gespräch, sofort auf den Landvogt zu schießen statt auf den Apfel, den auch der beste Schütze hätte fehlen können. Der Junker und der Sohn des Breslauer Seidenhändlers gehören zusammen: der Herrnhuter, der sich als Schwert Gideons empfand, und der Schüler des Dunklen von Ephesos, der gelassen den Weg hinab ging, der ein und dasselbe ist wie der Weg hinauf!

Huldigen wir den Reichsinsignien, dem geretteten, aus der Geschichte geworfenen Kleinod: Alles ist da: Reichskreuz, Krone, Evangeliar, der Mantel der Sizilianer, Strümpfe und Schuhe, und der unermeßliche Gehalt einer Form der Ordnung; aber ihr Leben verwelkt in musealen Glaskästen, unter den Blicken der Parties.

Und wieder der Zuschauer

Sicherlich gehört der Umstand, daß die große Disputation nicht geführt wurde, die sozialen Probleme nicht in der allein zwischen Bismarck und Lassalle möglich gewordenen Perspektive ins Relief traten, zu den vielen Fatalitäten des neu gegründeten Reiches. Für eine jede geschichtliche Erscheinung versteht es sich von selbst, daß das Prinzip ihres Untergangs ihr eingeboren ist, das ist uralte Weisheit: ›Woraus aber die Entstehung der Dinge ist, darein findet auch ihr Untergang statt, gemäß der Schuldigkeit.‹ Es ist – die Theologen mögen mir, wenn möglich, verzeihen und mich im Frieden meines Ketzertums lassen – eine unbezeichenbare, aber wohl von allen Zeiten empfundene Schuld im Sein, und, nach Anaximander, sogar ein Bedürfnis der Dinge, mindestens die Notwendigkeit, ›einander Strafe und Buße zu zahlen für ihr Unrecht, gemäß der Anordnung der Zeit‹. Dieses geheimnisvolle Unrecht ist nur das Dasein selbst – man kann den Herrschaften auf dem Balkon keinen Vorwurf daraus machen, daß es auch mit ihrer Hinterlassenschaft so bestellt war; der unergründliche Spruch des Entdeckers des Kosmos hat sich am ›Reiche‹ unheimlich rasch bewahrheitet: für die wichtigste Aufgabe, die soziale, war es nicht konzipiert. Aber machen wir es uns ein wenig leichter, flüchten wir wieder in die Gegenwart, die immer etwas Erheiterndes hat!

Vor mir liegt eine Seite der ›Times‹, zufälligen Datums, Saturday, February 2nd, 1957 (die ganze Ära ist in einem jeden Tag, einer jeden Stunde). Hier ist Marschall Schukow zu sehen, in höchst munterer Verfassung, wie er anläßlich seines Besuches in Karachi vor indischen und russischen Offizieren einen ordnungsgemäßen Bajonettangriff demonstriert. Der Marschall hat die Schirmmütze zurückgeschoben, das Bajonett eingelegt, das linke Knie gebeugt, das rechte Bein gestreckt, und es ist kein Zweifel, daß der Marschall dem etwa vor ihm sich befindenden Objekte in die Eingeweide stoßen wird. Aber wo sind wir eigentlich? In Indien, im Lande des Mahatma, und es ist gar nicht ausgeschlossen, daß der Regisseur der Welthistorie den Mahatma eine andere Rolle spielen ließ als er wollte oder zu spielen glaubte, und daß er, in Tolstois Gefolgschaft, ein Verhängnis Indiens war, wie ja auch Tolstoi, der erhabene Sektierer, ein Verhängnis Rußlands. Wer könnte das Verhältnis zwischen Ziel und Mitteln ernstlicher durchdacht und durchlitten haben als der Mahatma!

Aber wir sind im Jahre 1957. Der Herr Marschall ist noch Unteroffizier in der Armee des Zaren gewesen – und vielleicht ist er das noch. Einige der auf solche Weise Belehrten lachen servil, andere scheinen bekümmert. Ich verstehe mich nicht auf die Ehrenzeichen, mit denen sie von freigebigen Staaten reichlich versehen wurden. Bei allem Ernste: die Sache könnte doch ein Anachronismus sein. Wenn die Chinesen sich endlich aus der Vergangenheit werden geschüttelt haben und ihre Kraftwerke funktionieren werden, so wird ihnen das Bajonett des Marschalls nicht mehr imponieren als ein englischer Bogenschütze von Azincourt. Der Herr Marschall treibt nur Scherz. Man sieht ihm an, wie vergnügt er ist: nichts lustiger als ein Bajonettangriff. In Wahrheit geht es um andere Dinge. Die Verteidiger der europäischen und amerikanischen Freiheiten geben sich jede nur denkbare Mühe, die Freundschaft zwischen Herrn Schukow und Herrn Tschu En-lai zu befestigen. Und die unglücklichen Söhne Gandhis sehen sich auf das Bajonett angewiesen, während sogar die Eidgenossen sich entschlossen haben, die Armbrust nur noch zu repräsentativen Zwecken zu gebrauchen.

Einigermaßen versöhnlich wirkt ein anderes Bild von der Indienreise des Herrn Marschall, das in ›Politiken‹ zu sehen war; hier nämlich saß er mit einem indischen Treiber auf einem gewaltigen, prächtig drapierten Elefanten. Er hatte es bedauert, daß er noch keinen Elefantenritt getan hatte, und mit Zauberschnelle wurde ihm von seinem Gastgeber sein Wunsch erfüllt. (Man kann die Menschen und gar die Marschälle und diplomatischen Personen nicht genug zu Hobbies anregen und sie darin bestärken, wenn man mit ihnen auskommen will.) Nun aber wird es ein wenig mißlich für den Herrn Marschall. Denn der Elefant setzt zum Sprunge an; schon sind die stumpfen Säulen der Vorderbeine geknickt, und eine ungeheure Anstrengung der Muskeln läuft durch den sich zusammenziehenden Riesenleib, der ein einziger Muskel ist. Wo wird er ankommen? Und wie wird sich der Herr Marschall dann befinden? Aber Photograph und Redaktion haben sich mit dem dramatischen Auftakt des Abenteuers begnügt.

Noch einmal die ›Times‹, February 1957. Auf demselben Blatt, auf dem der Marschall Nehrus Soldaten in der Kunst des Bajonettangriffs unterweist, ist links unten zu lesen, daß einige Schriften Unamunos fortan unter Berufung auf den Index propagiert werden können. Die Verleger werden sich diese Chance nicht entgehen lassen. Und der grimmige Landsmann Loyolas hätte sich sicher gefreut, es vielleicht gar als eine Ehre angesehen, den Fauteuil einnehmen zu dürfen, den Immanuel Kant vor nicht allzu langer Zeit stillschweigend hat aufgeben müssen, nachdem er ihn so lange, zur Belustigung seiner Leser, verwaltet hat. Kein Zweifel: ein repräsentativer Theologe ist Unamuno wahrlich nicht gewesen, und das Kreuz, das er verehrte, stand in unheimlicher spanischer Landschaft; ihm ging es um das Leiden Gottes, eine ketzerische Ansicht, die aber von gewissen Werken des ausgehenden Mittelalters, etwa dem Breisacher Altar oder den Meßgewändern des Ordens vom Goldenen Vlies, durchaus bestätigt wird. Ernstlich vertrat Unamuno die Meinung, daß Spanien seinen eigenen Gott habe, einen von der Tragödie gezeichneten Gott, und daß die Unsterblichkeit des Christentums die Unsterblichkeit seines Todeskampfes sei. Des Herrn Stunde am Kreuz war für ihn christliche Zeit überhaupt: das alles kann von einem jeden Konviktschüler augenblicklich widerlegt werden. Das alles war aber da, und zwar als religiöses Phänomen. Und es ist nicht so leicht, der Frage auszuweichen, ob ein Christ nicht ein Ketzer sein kann; ob über christliche Substanz, in Verschmelzung mit der ketzerischen, nicht doch das Gewicht, die Intensität entscheidet. Von uns kann man keine Antwort erwarten. Es gibt ein Christentum der Totenklage, der Verehrung des toten, des in Erde zerfallenden Christus, der in den Kirchen Spaniens und Portugals, von Barcelona, Tarragona und Madrid bis Evora in gläsernen Särgen liegt, in unbarmherzig realistischer Gestaltung. Er zerfällt nicht, er wird auferstehen, aber die Seinen, Menschen und Völker, ruft er aus dem Grabe, das er durchlitt; die ihm Fremdgebliebenen werden ihn erblicken als Sieger, der auffährt in den Himmel. Aber das Christentum des Sieges auf Erden, das Christentum der Schlacht an der Milesischen Brücke, bedarf sehr eines Gegensatzes. Es bedarf des Christentums der Agonie, das ja keineswegs eine Erfindung Don Miguels gewesen ist, sondern eine Stiftung der spanischen Mystik und des Stunde um Stunde Christi Sterben an seinem Leibe tragenden Apostels.

Mir war Don Miguel Lehrer, Befreier in dunkelster Jugendfrühe; nie bin ich ihm begegnet, immer war er mir nah, und ein Wort an mich erreichte mich erst nach seinem Tode; wenige haben die Zeit erlitten wie er, haben seinen quijotesken Mut zu Narrheit, Irrtum und Schande gefunden, so oft zum Gaudium der Zuschauer das Pferd herumgeworfen, ohne sich zu verändern und mit solcher Glut die Frage des Daseins gestellt, der Unsterblichkeit und des Todes in Ewigkeit. Vielleicht ist er ratlos gewesen. Zum Erstaunen seiner Freunde erschien er plötzlich am Altar. Dann suchte ihn der Blick des Seelenhirten, der stets, vom Altar herab, die Häupter der Seinen zählt, wieder vergeblich. Deutscher Kritizismus hat sich ihm ins Herz gefressen. So wie die deutsche Philosophie in Spanien verstanden und aufgenommen wurde, hat sie dort nicht die Rolle der Wohltäterin gespielt, vielleicht aber doch Glaubensglut, verwegene Grabesritterschaft erweckt. Man darf nicht vergessen, daß sie Umwege zu nehmen beliebte und daß Karl Christian Friedrich Krause aus Eisenberg im Altenburgischen für eine Weile in Spanien als der bedeutendste deutsche Denker geschätzt wurde und der ›Krausismo‹ dort ein uns unverständliches Ansehen genoß; Krause war ein Priester der Freimaurerei und konnte, allzu deutsch wie er war, in Spanien kaum richtig verstanden werden; seinen Ruhm auf der Iberischen Halbinsel und in Latein-Amerika verdankte er vielleicht mehr seinen Jüngern als sich selbst. Durch diese ganze Verwirrung nun, die durcheinandergeworfenen Schlachtreihen, sprengte Unamuno, der baskische Don Quijote, überall weitere Verwirrung anrichtend: nur in einer Sache nicht, in der Verkündung tragischer Religiosität. Unamuno war im übrigen Lorcas Bruder, Tragiker der Zeitlichkeit.

Als Lorca mit seiner Wandertruppe ›La Barraca‹ den Spaniern ihr großes Drama wieder brachte und in Zamora Tirsos ›Burlador de Sevilla‹ aufführte, war Unamuno unter den Zuschauern. Auch der Wiederholung wohnte er bei. Der Baske und der Andalusier scheinen sich verstanden zu haben: Unamuno, sagte Lorca in seinem Interview, ist der Erste unter den Spaniern, er ist der Spanier selbst. ›Wie groß ist Unamuno! Was weiß er und was gestaltet er!‹ Welche Tür man auch öffnen mag: Unamuno tritt hervor mit Haupt und Leib, der ganze Mensch, el hombre de carne y hueso, nach dem Unamuno selber immer suchte: er, Mensch von Fleisch und Knochen, im Geiste mithin Grande de España, des Reiches, das die Sonne nicht sinken sieht: Synthese griechischen und kastilischen, nordischen und lateinischen Geistes. Der Lebemeister der Mystik und der Verzweiflung, der Ordnung in sich trägt und zugleich den Daseinswiderspruch, stiftet Verwirrung in einer Zeit, die keine Ränge und Ordnungen kennt; wer den Glauben als Unmöglichkeit durchkämpft, stört den ›Glauben‹.

Unter solchen Anmutungen und Reflexionen, Spaziergängen ohne Ziel, scheint sich wieder ein Tag einem friedlichen Ende zuzuneigen, natürlich ohne die ›Unglücksfälle jeder Stunde‹ zu vermeiden, die der Frankfurter Weltweise verzeichnete. Bei erträglicher Laune und Verfassung bummle ich noch ein wenig durch die Sträßchen: immer finde ich ein Fenster, eine schmale Front, deren verhaltener Charme mich entzückt. Hinter der Scheibe hat sich, alles Licht beanspruchend, das üppige Grün einer Zimmerlinde entfaltet. Sie könnte ein Nachfahre der Linde sein von ›zu Hause‹, die jahrelang Verwandte und Freunde mit Schößlingen beschenkte und den Raum mit zartgrünem Licht erfüllte. (Wie wohl tun die Verwandlungen des Sonnenlichts. ›Niemals des Sonnenlichts stechende Strahlen zu schauen‹, schien den Griechen das beste.) Eine alte Dame, enttäuschten Gesichts, blickt über den Rücken ihres struppigen Hundchens auf die Straße, wo die parkenden Autos stumpfsinnig in den Regen starren. Worauf warten die alten Damen noch? Ich drücke mich wie ein Missetäter an der Buchhandlung vorbei, die tatsächlich, anläßlich des Jubiläums eines Verlags, einige meiner Schriften ausgestellt hat. Und wie verwunderlich! Eine durch die Baskenmütze als geistig markierte Existenz steht davor und studiert die Titel.

Ich kann auch noch für eine Stunde ins Kurhaus gehn, wo man zur Winterszeit nicht ganz unwillkommen ist. Natürlich suche ich für mich und meine Handarbeit einen gedeckten Platz in den rückwärtigen Räumen. Denn in der Aussichtsterrasse, durch deren Fenster der Merkur zu sehen ist in leichter winterlicher Verklärung, errötend und verglühend und zur Linken die Felsen, wieder in goldenem Schein, und die scharfen Zacken der Ruine – hier in der Terrasse sind die Asseln und Asselspinnen, Goldlaufkäfer und fischfangenden Fledermäuse durchaus in der Übermacht. Die Bilder sind hoffentlich eher entschuldigender als offensiver, beleidigender Wirkung. Wer einmal den präparierten Schädel einer fischfangenden Fledermaus studiert hat – ich glaube, sie treiben ihr Wesen über Seen Kanadas – und die zierlichen, mit nadelfeinen Krällchen besetzten Füßchen, mit denen sie im nächtlichen Fluge das Fischlein faßt und zwischen die Zähne schiebt, dem fällt es schwer, sich von der Weltordnung des heiligen Thomas, der Weltharmonik des großen Kepler und der Theologen überzeugen zu lassen. Für mich ist schon der 16 Kilo schwere Dorsch, den ein dänischer Fischer im Öresund, nördlich von Tycho Brahes Insel Hven, nach dreiviertelstündigem Kampf an der Angelschnur ins Boot zog, ein unabweisbares Argument wider jene Harmonie. Das Haupt des Fisches, so groß wie das Haupt seines stämmigen Überwinders, ist starre Maske namenlosen Schmerzes und Grauens, einer entsetzlichen Überraschung. Auf dem Menschengesicht ist nur brutale Freude. Aber auch mit gewissen Erinnerungen an den Fischmarkt in Bergen komme ich nicht zurecht, und doch ist das rote, in Scheiben und Blöcke zerschnittene Fleisch der Wale noch schön, und der Markt leuchtet im Regen wie ein Herbstbeet vor den schwarzen Bergen, und Fischer und Fischerfrauen strahlen von Lebenskraft. – Der indische Kaiser Asoka, für Europäer als Buddhist belastet, als Verneiner der angeblich am Anfang gewesenen Tat, hat auf Felsen und Säulen nicht allein den Menschen Wohlfahrt und Toleranz, sondern auch den Tieren Wohlfahrt und Schonung verheißen. Aber das war dreihundert Jahre vor der christlichen Ära.

Wenn ich heimkomme, ist es still. Es hat keinen Sinn, die Tische in der Terrasse zu beleuchten, denn niemand wird mehr kommen. Anton nimmt mir freundlich den Mantel ab und lobt den schönen Tag: er ist immer zufrieden. Morgen wird es genau so schön sein. Die Krähen haben sich beruhigt, und die kleinen Vögelchen werden sich irgendwo in der Mulde einer Baumrinde zusammendrängen, die Schwänze nach außen und die Körper dicht zusammengeschlossen, ein einziges Lebewesen, eine Schlafgemeinschaft. O senhor janta o vinho, und dann legt er sich zu Bett, ergeben in eine Welt, der auf keine Weise zu helfen ist, es sei denn durch den Schmerz der Heiligen. ›Lieber Gott, rufe mich, wann Du willst, nur nicht heute nacht‹, beten die Iren vor dem Einschlafen. Ich wäre bereit, die Einschränkung fallen zu lassen. –

Dieser Einspruch ist aber keineswegs als Verneinung gemeint. Man kann dankbar zu Gast gewesen sein und ebenso dankbar gehn. Man kann Gott nicht genug danken für den Bissen, den man nicht gegessen, die Nachricht, die man nicht empfangen hat, für den Besuch, der vorüberging, die verpaßte Umarmung, den bestandenen Tag und den getrunkenen Wein. Und immer kommt wieder eine gute Stunde herauf – nur erweist es sich im Leben, daß das Negative andern spezifischen Gewichts als das Positive ist; daß es in der Atomhierarchie wesentlich höher rangiert und eine Negation eine weit härtere Durchschlagskraft hat als eine Bejahung. Das scheint in der Natur des Daseins zu liegen, in der rätselhaften Neigung zur Buße, im Gefälle zum Leid.

Es hilft nichts: ich werde mich noch einmal mit dem Fall der Maison auseinandersetzen müssen. Ich kann mir aber vorher noch einen guten Tag machen – Ausflug in eine Ordnung, die nicht vom Subjekt, dem immer kranken, bestimmt ist. Der Weg nach Lichtental ist allerdings für meine Verfassung ein wenig zu lang. Ich bin schon sehr müde, wenn ich das Hirtenhäuschen erreiche, wo Seine Majestät an jenem Schreckenstage des Jahres 1861 mit blutendem Halse die Erste Hilfe gefunden hat. Es ist einigermaßen triste: die Idylle der Clara Schumann ist erstorben, das Palais des Prinzen Biron ausgebrannt. Wenn nicht das Wasser flösse wie es einstens floß... Und die königlichen Tannen nicht noch ständen in ihrer ruhevollen Kraft, die etwas Zeitloses haben.

Zu meiner Beschämung komme ich zu spät. Längst hat die hochwürdige Frau Äbtissin den Konvent hinter dem Sprechgitter des alten Empfangsraumes versammelt. Es ist mehrere Jahre her, seit ich zum letzten Mal hier war. Gerne wäre ich früher gekommen. Aber ich bin immer etwas betreten an Orten sakraler Tradition. Ich fühle zu deutlich, was ich nicht bin. Nichts scheint in der Zwischenzeit geschehen zu sein, eher sind die Ehrwürdigen Frauen jünger geworden. Die Jugend von oben kommt ihnen entgegen. Freilich, auch Leidenszüge sind tiefer geworden. Was weiß die Welt von der unsichtbaren Kraft, die sie trägt? Eine der Ehrwürdigen Frauen ist, wie mir die gewissenhaft fortgeführte Chronik erzählte, im 63. Lebensjahr und nachdem sie sich vierzig Jahre der Erziehung und dem Unterricht in der Klosterschule gewidmet hat, gestorben. ›Und mit besonderer Sorgfalt hat sie in ihren letzten Jahren die Bienen betreut‹ und ›außerdem jede freie Minute mit Paramentensticken zugebracht‹. Wann werden Abgeordnete und Diplomaten begreifen, daß solche Existenzen wichtiger sind als sie, und zwar in geschichtlichem Sinne?

Nun also sitze ich auf dem hohen Stuhl vor dem schönen, schmiedeeisernen Barockgitter, hinter dem sich im Halbkreis die Ehrwürdigen Frauen aufgestellt haben. Es ist mir sehr peinlich, daß sie stehen. Und natürlich schweigen sie, und der hochwürdige Herr Pater schweigt auch. Ich begreife, daß ich etwas berichten soll von der ›Welt‹, in der ich mich zwar herumtreibe, von der ich aber gar nichts verstehe.

Heiterkeit, sofern sie erreichbar ist, wäre das beste. Ich erzähle ein wenig von Åbo und dem Dom der Bischöfe Finnlands, von Nantali, der Klosterkirche der heiligen Birgitta und dem Gesang, der von dort über die Ostsee weht, von den schwedischen Herbstwäldern und von Lissabon und der Einsamkeit Salazars, wie er, ein wenig ermüdet und gebückt, die Tür seines Hauses, dessen Läden längst alle herabgelassen waren, leise schloß und noch einen Augenblick zögerte, bis Senhor Eduardo, der vertraute Chauffeur und mir fast so nah wie ein Freund, respektvoll den Wagen in Gang brachte; wie dann die hohe grüne Eisentür unter den Eukalyptusbäumen sachte zuschlug und alles wieder still war um einen Staatsmann und seine Sorgen. Herrschaft ist eine bestimmte, geschichtsbewußte Form des Verzichts. In Parlamenten und Ministerien versteht man das kaum, hier kann man es sagen. Ich erzähle ein wenig von Mafra, dem Grabmal der Mystik, das noch immer wartet auf den Wiedereinzug der Liturgie, und kann nicht auf die Anekdote verzichten, daß der Ehrgeiz der geliebten Portugiesen den Grundriß um einen Meter über den des Escorial hinaus trieb, um nun das größte Kloster der Welt zu haben. Ich erlaube mir die Bemerkung, daß meine Freunde, die Portugiesen, sich vielleicht zum Königtum bekehren würden, wenn nur der Prätendent ein besseres Portugiesisch spräche. (Im Grunde ist das ganz richtig, denn mit der Sprache behauptet ein Volk sich selbst und seine Bestimmung. Gerade die Portugiesen haben den Beweis erbracht. Aber die Verantwortung für das Urteil über die Aussprache ihres Prätendenten müssen die Portugiesen tragen.) Hier sind wir ja im Kloster der Welfen und Zähringer, nahe ihren Gräbern; seit über siebenhundert Jahren wird hier für die Seelen der Herzöge und Könige gebetet, und auch der kleine Feldaltar, vor dem der Türkenbesieger kniete, ist mit vielen anderen Denkwürdigkeiten erhalten. Siebenhundert Jahre lang, ohne Intervall, wachte hier das Gebet. –

Ich erzähle von den Traubengärten des nördlichen Portugal und dem Mimosenberg über Vianna, von der Jungfrau, die auf dem Elefanten reitet, hoch am Dachfirst des Grafenschlosses, von dem alten Mann in Braga, der mir unbedingt ein winziges Vögelchen verkaufen wollte, von dem Heiligen im Hof der Kathedrale, vor dem ein Flämmchen zittert und der mit wächsernen Ohren behängt ist; vom Stundenlied, dem unheimlichen dort und von den rotbraunen Ochsen, die weisheitsvoll, mit zierlichen Fesseln und Füßen unter der Krone weitgeschwungenen Gehörns vor den Scheibenrädern gehn. Sie werden nicht schneller schreiten, solange die Welt steht. Auf den Rhythmus der Ochsen ist mehr Verlaß als auf die Plancksche Konstante, mit der es, wenn man neuesten Forschungen glauben darf, nicht mehr gut steht. Man kann auf Ochsen und Esel verzichten; in Portugal wird man das noch lange nicht tun, aber beschleunigen kann man sie nicht. Lorca sagte von den andalusischen Stieren, daß sie den Rhythmus alter Glocken haben und Vogelaugen: das heißt, sie haben den Blick der Alten Welt, der Götter Ägyptens, in das Mysterium. –

Welche Gesichter: errungener Friede, Reinheit ohne Sprung. Ich habe natürlich zu lange gesprochen und alles durcheinander geworfen. Ich bitte um die Obhut eines Gedenkens und überantworte mich der ›Welt‹. Denn schon erwartet mich ein profanes Vergnügen. Ein Freund nimmt mich im Wagen mit ins Rebland, – schnell an der Maison vorüber, deren Sparren entblößt werden, während es aus allen Fenstern stäubt und raucht. Das Kloster Fremersberg, für ein Weilchen unsterblich geworden durch Eduard Könnemann, sonnt sich unter dem verschneiten Wald. Schon ist der Schnee von den Wiesen und Weinhügeln unter den Waldhängen gewichen. Hier soll – ich kann es nicht recht belegen – im fünfzehnten Jahrhundert ein sonderbarer Geist eingekehrt sein, Johannes von Capistrano, so mächtig der Kreuzzugspredigt, wie es einst Bernhard von Clairvaux gewesen ist. Welche Insel der Stille! Der Blick gegen die Rheinebene, ein paar Mönche zur Gesellschaft, das Wild vor den Mauern, und fern draußen die Völkerstraße am Rhein und der Zug der Schiffe und die große Unruhe, der unauslöschliche Streit. Und wer kennt in Wahrheit die Gebärde des Gottesreiches, die Kreuzfahrer, die Verzichter, die Suchenden, die nicht finden? Nur die steinerne Pforte des Klösterchens ist geblieben, mit dem Wappen des Scherers, Schröpfers und Bademeisters Hans Ulrich, der ein Wohltäter der Einsiedler war. Der Landesvater entschuldigte sich für die Säkularisation mit einem pietätvollen, an Stelle des Altars errichteten Denkstein: vielleicht hatte er seinen Vorfahren gegenüber nicht das beste Gewissen, was von so gut wie allen deutschen Fürsten jener Jahre zu erhoffen ist. Was sie an geschichtstragender Substanz hingaben für die Dinge, die dem Rost und den Motten anheimfallen, ist nicht zu ermessen. Als Kind habe ich hier, durch das Parkgitter, die ersten Feigenbäume im Freien bewundert, eine ›Lüge des Südens‹, wie ein Dichter einmal sagte. Im Winter werden sie freilich dick in Stroh verpackt. Ihr Verdienst ist, daß sie dem hier fröhlich gedeihenden Wein den Namen ›Feigenwäldchen‹ verschafften und Anlaß geben, die kleinen, ursprünglich in der Maingegend ersonnenen Bocksbeutel-Flaschen auf eine naiv die erotische Phantasie ansprechende Weise zu etikettieren.

Aber der Wald tritt zurück, und die noch verschneiten Hügel im Schattental blitzen von Myriaden von Kristallen. Die schöne Ordnung der gepfählten Rebstöcke breitet sich aus, beschwingt von dem in Stamm und Wurzeln, in der gesegneten Erde schlafenden Feuer, und die Dörfer, die es sich zwischen den Hügeln bequem gemacht haben, träumen schon von hellem Weinlaub und zarter Blüte, von frostlosen Frühlingsnächten, von Sonnenglut und hereinknarrenden überschweren Wagen, vom Übermut an der Kelter und vom Kampfe der Geister im wohlgefüllten Faß. – Es wird zum Abend strahlend hell. Man müßte den Straßburger Turm sehen, wenn der Dunst nicht das Stromtal verschleierte, und hier, über den Weinhügeln bei Steinbach, blickt Erwin über den Strom auf sein Werk. Denn ich bleibe durchaus dabei, daß Erwin der Meister ist und daß Steinbach und das mittelbadische Weinland – Heimat allzu verletzlicher Seelen und zerbrechlicher Spitzen – und Straßburg und Colmar, Thann und Breisach und Feldberg und Odilienberg zusammengehören; daß Schöpfung und Geist und Liebe im Rheintal eine Einheit gebildet haben, die erhaben ist über alle Torheiten und Sünden der Geschichte.

Das Schlößchen unten ist vergraben in die Weinhügel, die das hellste Schneelicht in den plötzlich frühlingshaft gewordenen Himmel strahlen. Längst ist der Graben leer, über den die Brücke führt, aber mit dem achteckigen Mitteltürmchen, den runden Eckbastionen, dem ungefügen, wohlverwahrten Tor hat das Schlößchen sich gewiß in fernen Zeiten, für die solche Anlagen noch etwas bedeuteten, in Respekt gesetzt. Von den Herren von Bach, die im mittleren Lande reich begütert waren, kam es an die Dahlbergs und schließlich an die Katzenellenbogen, die wahrscheinlich nichts mit Katzen und deren Gliedmaßen zu tun hatten, sondern mit den Katten, und – zu ihrem Ruhme! – Walther von der Vogelweide auf einer Burg im Hessischen einmal beherbergt haben sollen. Endlich wurde das Rebschlößchen von einem Verwandten erworben, der es in gute Pflege nahm, auch mit allerlei Getier bevölkerte. Er hatte den Weinbau in Frankreich erlernt und brachte den kräftigen Neuweirer wieder zu verdienten Ehren.

Wie stets haben wir den ›Ruhetag‹ getroffen, eine soziale Einrichtung, an der die meisten Verabredungen scheitern. Aber man läßt sich erweichen, wir dürfen durch das enge, altertümliche Höfchen, wo über dem Allianzwappen am Treppenturm die Devise steht: ›Zeyt bringt Rosen‹, die ja auch der Spruch des Landvogts von Greifensee und des in seinen Diensten bemühten Affen war. Und dann sitzen wir unter dem alten Gewölbe, zwischen rostigem, ritterlichem Hausrat, vorerst etwas sparsam erwärmt beim Mauerwein; der Schloßhund hat uns geprüft und schläft wieder auf der Bank. Durch die tiefliegenden Fenster wirft der Schnee sein Licht, und das Wintergrün der Pflanzen leuchtet darin auf. Der Ofen gibt sich Mühe, warm zu werden. Und es ist still. Wann war ich das letzte Mal hier? Fast vor unvordenklicher Zeit, vor der ersten portugiesischen Reise, vor dreißig Jahren also, da ich mich zum ersten Mal ernstlich bestrebte, die Fesseln ungemäßer Existenz abzustreifen. Das war an einem heißen Sommertag. Wir saßen auf der Terrasse unter den glühenden Hügeln. Ich hatte das bestimmte Gefühl: gut wird Deine Sache nicht ablaufen, aber Du mußt gehen (um nicht anzukommen, es gibt keine Ziele, nur Notwendigkeiten). Eine Art positiver Verzweiflung – wenn es das geben sollte, sie scheint mir aber heute die Haltung der meisten Staatsmänner und Forscher zu sein – bewegte mich. Ihr bin ich gefolgt.

Freilich war ich doch nicht hinreichend vorbereitet auf den Zusammenstoß meiner Wunschbilder mit der Wirklichkeit. Das Glas, mit dem ich das Leben grüßen wollte, splitterte sofort und von Rechts wegen. Ich habe vor kaum einem Jahr einen silbernen Becher geerbt und bin nicht von ihm zu trennen – und nicht von dem Toten, dessen Namenszug er trägt. Für den Becher ist nichts zu befürchten, er übersteht jeglichen Zusammenstoß – und doch kann er klingen, wenn er auf den rechten Becher trifft. Und der Sommer ist ausgeglüht, und Schnee liegt auf der schlafenden Kraft des Mauerweins; die Ernte ist sehr weit und eine ungewisse Sache. Nur die Meisen glauben an den Frühling.

Achthundert Jahre mag das Schlößlein wohl auf den Schultern tragen. Es hat sich lange Mühe gegeben, mit den Zeiten zu gehen, aber über die Anpassung an den Barock in geziemender Bescheidenheit ist es nicht hinausgekommen. Gerade kommt mir ein vor langen Jahren auf dem Dach von Sankt Peter geführtes Gespräch in den Sinn: Nein, Hochwürden, man soll nicht in jedem Falle mitgehen, nicht in Rom und nicht in Deutschland, gerade in Rom nicht, wenn auch die Anforderungen weitverzweigter Organisationen sehr respektabel sind. Die Zeit nämlich erwartet unseren Widerspruch. In wesentlichen Fragen ist sie ratlos, und wenn wir mit ihr gehen, so werden wir es auch. Das Schlößchen war weise: an einer Kurve hat es haltgemacht. Das ist sein Zauber, ist sein Wert. Aber natürlich will ein solches Halt ehrlich bezahlt werden, und wenn die Menschen nicht ein wenig Liebe für solche stille Würde haben, so ist es mit ihr aus.

Jean Paul und Wilhelm Raabe waren wahrscheinlich schlimme Verderber deutschen Stils; wenigstens hat Grillparzer dem bayrischen Seraph – in Bier und Tränen seliger Bacchant –, der im übrigen eine sehr irdische Erscheinung war, diesen Vorwurf gemacht. Aber beider Aussage von Mensch, Zeit, Geschichte, von der Rune des Daseins, ist immens. Und bei dem sich von selbst verstehenden gewaltigen Respekt der Distanz ist man mit den Jahren in Gefahr, in die Fahrrinne ihrer Sünden zu geraten. Ich mache diese Notizen über gestern in einem meiner Schlupfwinkel. Eben singt der Turm der Stiftskirche Mittag, und das Glöckchen vom Heiligen Grabe fällt aufgeregt ein, als wollte es eine – verzeihliche – Verspätung entschuldigen, und wieder entfernt sich der Schatten einer schlecht bestandenen Nacht und eines halben Tags, der an Enttäuschungen nicht kargte, und eben erklärt mir eine Dame sachte vorgerückten Alters mit Zwicker und Samtmütze, während sie in derselben Suade die Speisekarte befiehlt und rasch entschlossen Sauerbraten bestellt, daß ich ihren Platz innehabe. Ich habe über meiner Schreibwut fünf Minuten verpaßt. Und das sonst so versöhnliche Lokal verwandelt sich in ein Aquarium aus dem Devon: Gliedertiere aller Art, Ringelwürmer, die ehrwürdigen Stamm-Mütter der Zecken, Dreilapper, Kopffüßler und Dachschädler, Quastenflosser, zu Lande so behend wie zur See, wimmeln herein. Ein wesentlicher Teil des Menschlichen läßt sich nur durch Anleihen im Animalischen ausdrücken; der Raubtiercharakter des Geistes, des Künstlertums, seine altjüngferliche Eitelkeit und Eifersucht sind natürlich nicht ausgenommen. Für diesen besonders schlimmen Bereich wären noch Ergänzungen nachzutragen: Rankenfüßer, die, obgleich sie Zwitter sind, sich gelegentlich mit einem Zwergmännchen behelfen, von den Kammzähnern aus dem Geschlecht der Haie zu schweigen.

Ich gehe also durch das Städtlein und grüße die Schatten aller, die es sich hier einmal wohlsein ließen und nicht mehr sind. Das ist das Fenster, durch das wir, als verstohlene Beobachter, unseren Vater am Stammtisch sitzen sahen. Ich fürchte, er hat immer einen sauren Wein getrunken und nie mehr als zwei Zigaretten geraucht. Dann, auf dem Heimweg, kaufte er eine Tüte gerösteter Edelkastanien in der fahrbaren Bude des Italieners am Leopoldplatz; sie blieben warm in der Tasche seines Wintermantels. So brachte er sie uns ans Bett, und noch immer glaube ich den Duft von Wein und Zigaretten zu spüren, den er, über die Betten sich niederbeugend, uns zutrug.

Unterwegs erfahre ich: meine Mutter sei noch zweimal, kurz vor ihrem Tode, durch das schon verurteilte Haus gegangen. Würde es nicht abgerissen, so würde ich glauben, daß sie sich auch nach ihrem Tode nicht von ihm getrennt habe. Das Haus war in gewissem Grade ihr Schicksal; daß sie es nicht lassen wollte, bestimmte in ihrer Jugend ihren Weg; die Überfülle der Erinnerungen, von denen ich nur wenig mehr weiß, hielt sie fest. Und so ging sie noch einmal hindurch, und es wird ein sehr dunkler Abend gewesen sein, eine jener Stunden unerbittlicher Einsamkeit, die wir einander ersparen sollten und die wir nie erfühlen. Die Räume waren längst verödet, und Moder füllte das Zimmer, wo die Majestäten ihr huldvoll ein Spielzeug schenkten oder wo sie sich im Schmucke eines Kornblumenkränzchens vorstellen mußte, wenn sie von der Fronleichnamsprozession zurückkam. Und so wird sie die Schatten gegrüßt haben, die unzähligen, an denen sie mehr noch als am Leben hing. Vielleicht hat sie den Speisesaal betreten, wo einst die Hochzeiten, Geburtstage und Erstkommunionen gefeiert wurden: da stand die lange Tafel in der Mitte unter den altmodischen Kronleuchtern, und da saßen für einen Augenblick die Altvertrauten in zwei langen Reihen, feierlich gekleidet, würdig und ein wenig schrullig: bärtige Gesichter über breiten Krawatten, der starren Hemdenbrust, die Frauen in dunkler Seide mit Karfunkelbroschen, in der Pelzboa und in Spitzen. Und hinter ihnen standen zu beiden Seiten die Kellner, alte Bekannte, die sich von Frühjahr zu Frühjahr wie die Störche einstellten aus Ägypten. Ich habe das Hochzeitsmenu in der

Tasche, Geschenk eines pietätvollen Verwandten: es ist mit dem Monogramm des jungen Paares und grünen Myrtenzweigen verziert. Vom Consommé de volaille à la reine bis zu Kaffee und Likörs zählt es zwanzig Nummern, eine kleine Arche Noah der Tiere, Gemüse und Früchte, Coeur de filet de boeuf piqué à la Belle-Alliance, Poularde de Bresse au riz à l'estragon à l'Impératrice, homard en Belle-Vue, Faisan de Bohème; zur Erholung: Compote assortie, dann noch einmal Asperges en branches, endlich: Bombe à la jeune Mariée. Und natürlich Madère und Château Léoville vom Jahre 1884, und Nuits und Champagne cassé... Nun, ist man an der Tafel einer Zeit gesessen, so ist man Schatten in der andern, und die Kunst, Tafeln der Freude aufzubauen, ist nicht mehr groß. Das Alter war ohne Sinn, gefürchtet, nicht bedacht, ein leeres Haus, vom Winter durchschauert, mit welken Kränzen traurig geschmückt, etwas, das nicht sein sollte. Das Alter war ein langer, dunkler Gang, an leeren Zimmern vorüber, in denen Lebens- und Todesangst wohnten: und es waren die Zimmer märchenhaft glücklicher Jugend, einer bis auf den letzten Schimmer erloschenen Welt. Am Ende des Ganges aber – und so werden wir es alle erfahren – wartet ein schreckliches Geheimnis; das will mit uns allein sein. Und ohne Beistand fallen wir ihm anheim, mitten unter denen, die uns helfen wollen und nicht mehr zu uns dringen. –

Auf dem Friedhof stehen die Namen dreier Menschen, die einander ihr Leben bauten und zerrütteten und einander Glück und Verhängnis waren, unter demselben schwarzen Kreuz, und ihr Staub vermischt sich im selben engen Geviert, vom selben Efeu übersponnen, und der Staub der Vorangegangenen, Johann Baptists und der Karolina, ist nicht mehr da. Sind sie hier? Sind sie dort? Ich habe einen Toten gesehen in der Leichenkammer des Friedhofs; es ist nicht viel mehr als ein Jahr her, der über alle Siege erhaben war und über die Auferstehung: vor ihm habe ich zum ersten

Mal empfunden, daß es Tote gibt, vor deren Antlitz der Glaube verstummt. Es bedarf keines Trostes und keiner Verheißung. Vor diesem Gewesensein haben sie keinen Sinn.

> Den, der zur Ruhe ging, kein Maß ermißt ihn,
> Von ihm zu sprechen gibt es keine Worte.

Der Tote hatte in einem langen, an Kämpfen reichen, selbstlosen Leben seinen ›Plan‹ vollendet, den ihm eingeborenen, und lag vorwurfslos, jünglingshaft schmal und bescheiden auf dem reinen Tuch. Denn ›alle Guten sind bescheiden‹, diesen Vers hatte er sich angestrichen in dem abgegriffenen Band Goethescher Gedichte, den er mir mit dem Silberbecher vererbte. Von den Kränzen, die das Leben ihm zugeworfen, war kein Blatt geblieben, und seines Geistes Reichtum hatte sich sachte entzogen in dunkle Fragen, und die Werke seiner Liebe und Tapferkeit werden bald vergessen sein – was sind die Ehrenzeichen des ersten Krieges und was die des zweiten; was die Geheilten, die gestorben sind? Auch Lazarus, der Auferweckte, mußte sterben. Was vermag der Arzt: ob er nicht mehr erleidet, als er vermag? Ich kenne keine ernsteren Gesichter als die der großen Ärzte. Die Rosenranken, die vor Jahren sein einsam-stolzes Haus umblühten, sind ausgerissen, und die Spuren der Tragödien, die er durchlebte, sind vernarbt. Er war mir ganz nahe in Stockholm, der Stadt seiner besten Zeit, an einem Abschiedssonntag im September, oben in Gamla Stan, auf dem kleinen dreieckigen Platz, wo Gassen von florentinischer Schönheit einander begegneten, unter einem vergilbenden Baum. Es ging gegen Mittag und war strahlend milde, und eben begannen die Glocken der deutschen Kirche ihr Erzdach zu wölben über die Stadt, und die der Storkyrka fielen ein, und mit ihnen erklang die Tiefe der Zeit, erklangen die Stimmen der Edelherren und Edelfrauen und ihrer Kinder frühen Tods, der großen Baumeister und derer, die im ›Blutbad‹ ertranken, auf dem nun von den großen

144

Akteuren längst verlassenen Markt. – Nur hier, seltsam, vor Jahrzehnten, war der Tote Er selbst. – Nun aber war er verklärt und versank: es gibt ein Versinken ohne jegliche Wiederkehr, ohne ›Bestehen‹; Abgrund des Friedens, jenseits von Leben, Gott und Gericht. Dieses Unwidersprechliche war des Toten letztes Wort an mich: ohne Trost unendlicher Trost. Eine Weile noch wird die Eiswand des Eiger glühen, wird das große stille Leuchten über die Gipfel wandern, die er liebte und erstieg; man soll nicht prophezeien, aber es könnte nicht allzu lange mehr dauern, denn die Ratten arbeiten Tag und Nacht unter den Dielen der Welt, und gewisse apokalyptische Zeichen sind noch ernster zu nehmen. Ich will mir trotzdem ein Plätzchen sichern unter dem Efeu, der diesen Toten und die Voreltern deckt, und eine Zeile auf dem Grabstein: es ist nicht törichter, sich ein Grab zu verschaffen, als sich ein Haus zu bauen auf der verurteilten Erde. Aber noch will ich den silbernen Becher füllen Tag für Tag. –

Es ist spät geworden. Die traurigen Kerzen auf den Grableuchtern verlöschen und die auf den gezierten Bäumchen auch. Weihnachtliche Selbstquälerei! Vorsichtig beginnt es zu schneien:

De sneeuw valt over de steenen waronder de dooden vergaan.
(Der Schnee fällt auf die Steine darunter die Toten vergehn.)   J. C. Bloem.

Das Tor ist schon geschlossen, ich muß hinter dem Familiengrab über die Mauer klettern, einer jener Unfälle..., kurz eine etwas lächerliche Sache. Natürlich fällt der Stock auf die Steine, und der Griff ist gelockert. Wie rasch wird man solcher Mühe enthoben sein und sich im Garten zufriedengeben! – Wo ihr seid, weiß ich nicht. Vergebt mir, was ihr kaum vergeben könnt! Dürften wir alle in Ewigkeit schlafen zu Seinen Füßen!

Passion des Hauses

Indessen ist der Mauermann
Schon ins Gebälk gestiegen.
Er fängt mit Macht zu brechen an,
Und Stein' und Ziegel fliegen.

Das Haus wird entkleidet, und was in seinem Innern nicht in Ordnung war, die kranken Glieder, wird auf die Straße geworfen. Schon machen sich seine Feinde in allen Stockwerken zu schaffen; sie haben den Dachstuhl erobert und stehen oben, groß gegen den grauen Himmel und schwingen die Hacken. Schutt und Bretter rasseln hernieder, auf der Straße wird es gefährlich. Die Durchfahrt muß von den Arbeitern überwacht und geleitet werden: Pfiffe, Rufe, Signale hinauf und hinab. Die Angreifer haben zwei blaue Ungetüme aufgeboten: das eine, vor der Theaterfront, bewegt sich geschickt auf den Steinhaufen und Erdhügeln hin und her; es faßt mit dem an langem Halse schaukelnden stumpfen, klappenden Maul das Gestänge des Terrasseneinganges, reißt es wütend herab und speit es aus wie dürres Heu. Es taucht das Maul mit Behagen in die Erd- und Steinhaufen, dann, die Muskelketten anziehend, die dem Halse entlanglaufen, schüttet es den Fang auf die Lastwagen. Das andere ist auf Raupenfüßen vor die zweistöckige Halle der Kurhausfront gekrochen, die den alten Bau mit dem neuen verbindet. (Im ersten Stock der Halle feierten wir einige Male Weihnachten, und lange Zeit war ich überzeugt, während der Vorbereitungszeit vom Garten her gesehen zu haben, wie ein Engel die Halle besuchte und seine Flügel hinter den Fenstern auftat.) Das Ungetüm hat Schläuche auf das Dach der Halle in der Höhe des zweiten Stocks praktiziert; sie laufen in Preßlufthämmer aus, die, von Arbeitern geführt, knatternd und rasselnd und knirschend sich in das Mauerwerk bohren.

146

Man kann nun den Abbruch von Stadium zu Stadium verfolgen – und ich tue das mit der selbstquälerisch-melancholischen Neigung, die ich nun einmal für die Tätigkeit des Kulissenmeisters Ackermann habe; er ist, was man auch sagen mag, eine höchst wichtige Person der Geschichte. Noch spiegeln die Fenster im Kaiserzimmer das trübe Winterlicht; noch steht auf dem Giebel über dem stumpfen Eck die Fahnenstange, die die Standarte des ephemeren Reiches trug. Aber die Feinde schieben nun Balken und Stangen aus der dritten Fensterreihe; die Läden fallen, verschalte Gänge pflanzen sich fort von Stockwerk zu Stockwerk, und der Dachstuhl ist nur noch ›betrübtes Beingerüst‹, eine unübertreffliche Formulierung des alten, durch allzuviel Wissensdurst und Gelehrsamkeit ein wenig lächerlich gewordenen Zürichers Scheuchzer, die ich auch für die individuelle Existenz nicht ungern in Anspruch nehme. Er bezeichnete damit das Skelett eines weltfremden Sauriers, das er für das Fossil eines Vormenschen hielt.

Nun schafft das Ungetüm vor der Theaterfront das Fundament der Terrasse beiseite. Wütend schleudert es die roten Sandsteinquadern an den Straßenrand. Sein Kamerad hat leichtere Mühe: rasch schwindet das Obergeschoß der Verbindungshalle; sie war leicht gebaut und ist, Erzeugnis der Ära, eine nicht ganz redliche Erscheinung gewesen. Zerfetzte Drahtnetze, in denen Steine hängen wie die Fliegen im Spinnennetz, schwanken in das untere Geschoß. Noch – wenn es irgendeinen Menschen interessierte – könnte man die Inschrift der Marmortafeln links und rechts vom Portale lesen, in dem mein Vater die Gäste empfing. Eine Tür lehnt an der einstürzenden Wand: ›Telefon‹. Ach, wohin sollte man von solcher Brandstätte, solchem Ort der Leerwerdung, telefonieren? Aus den Souterrains werden die Leitungsrohre herausgetragen, aus den höheren Geschossen die rostzerfressenen Heizkörper. Bald ist die Verbindungshalle völlig durchbrochen; der Blick auf einen absurden Trümmerberg im Hof ist frei, dahinter auf die Felsgrotte, die, einst von Efeuvorhängen bedeckt, ein Geheimnis barg. Es war ein Quellbecken, in dem Molche lebten, heute im wesentlichen nur noch als Opfer der Wissenschaft geschätzt, die es zuwege bringt, sie durch eine raffinierte Transplantation mit einem Auge am Bauche auszurüsten. (Eines Sonntagnachmittags bin ich einmal als ungeschickter Kletterer die Felsen herabgestürzt. Ich klammerte mich nämlich an einem eisernen Engel fest, der, dicht umwachsen, das Naturwunder krönte. Aber der Engel erlag mit mir dem Fallgesetz; fast wäre ich von einem Engel erschlagen worden.)

Bald zieht das Ungetüm vor der Halle seine Saugschläuche zurück. Es steht nun verdrossen da auf seinen Raupenfüßen, mit fliegenden und knatternden Flanken. Die Wände des Dachgeschosses stehen frei und werden mit um die Fensterrahmen geschlungenen Seilen nach innen gezogen. Aber Balken und Steine stürzen frontabwärts: Pfiffe und Schreie, die Arbeiter jagen von den Lastautos in das Haus. Dann ist der Dachstuhl abgeräumt; gegen den Neubau hin beginnt der eigentliche Abbruch. Die Arbeiter stehen auf den Mauern, die sie unter sich abschlagen: es ist ein zeitnahes Bild. Aber der verantwortliche Aufseher erklärt mir, daß sie angeseilt sind: »Ich bete jeden Tag zu Gott, daß nichts geschieht, daß ich diese Sache ohne Unglück zu Ende bringe. Ich habe sie nicht übernehmen wollen, aber es hieß, es sei niemand sonst da.« Ja, ich sollte mitbeten; ich wünsche inständig, daß die Männer, die das Haus meiner Kindheit abtragen, keinen Unfall erleiden. Das Haus hat kein Recht mehr in dieser Zeit.

Es scheint ehrenhafter zu sein für ein Haus, unter einer Bombe zu fallen, als auf diese Weise. Auch das Feuer ist barmherziger als die Spitzhacke. Nun können die Konkurrenten, die dem alternden Haus in seinen späteren Jahren das Leben verbitterten, triumphieren. Aber vielleicht ist es selber auch einmal hochmütig gewesen, an den Abenden der Huldigungen etwa, und wenn das Badeblättchen die Namen gewisser Herrschaften aufzählte, die die Maison ihren Rivalinnen weggeschnappt hatte. Jetzt führt die erloschene Via triumphalis geradewegs in den Untergang. Aber die Erinnerungen kann niemand dem Hause nehmen. Es schüttet sein letztes Leben in dicken Staubwolken aus, die die Straße

Trinkhalle

hinuntertreiben und, ärgerlicher Weise, im Kurgarten die spärlichen Wintergäste belästigen und sogar noch die Trinkhalle verfinstern, wo eine erbitterte Lesegesellschaft an allen möglichen Zeitungen nagt; einige schlafen ein, andere entwenden einander die Magazine in unbewachten Augenblicken; dann wieder müssen die voluminösen Gläser mit dem lauwarmen Heilwasser gefüllt werden. Aber solche Mißhelligkeiten sind nur Wegzoll. Denn jetzt geht es um den leeren Raum, die reibungslose Regelung des Verkehrs, der nach aller Voraussicht durch die in Arbeit genommene Zubringerstraße von der Autobahn die erwünschte Steigerung erfahren wird. Über ein kleines, dann wird dieses Kapitelchen geschlossen sein.

Die Feinde haben nun an der Kurhausfront ein drittes Monstrum aufgeboten und aufgereizt, gefährlicher als die Schlachtelefanten des Königs Pyrrhus und Hannibals. Seine Kiefern sind mit mächtigen spitzen Zähnen besetzt, die sogar in die Mauern beißen können. Jetzt allerdings liegt das Drachenmaul aufgeklappt auf der Erde. Das Ungetüm muß für zwanzig Minuten fasten, weil die Arbeiter vespern. Aber sogleich darf es sich wieder ermuntern und Staub und Steine fressen. Dagegen kommt der Kopffüßler mit den langen Schläuchen nicht mehr auf. Er kriecht entmutigt die Via triumphalis hinab.

Über dem Lärm und Verfall wiegt sich der Vorfrühling in seinen verklärenden Spielen. Immer milder wird das Licht; die Meisen schlagen ohne Unterlaß auf den kahlen Zweigen der Kastanien, die von klebrigen Knospen strotzen. Oft ist der Himmel grauviolett befächert oder gedünt, wenn ich morgens meinen melancholischen Weg antrete, um die Fortschritte der Feinde zu registrieren und mit ihren Anführern einen Gruß zu tauschen.

Viel ist jetzt von dem Hause nicht mehr zu sagen: der zahnlose Saurier schleudert die Quadern der Terrassenfront auf den Lastwagen; es sind nur noch Fragmente, rasch, von Laufgang zu Laufgang, sinkt die Front vor dem Kurhaus zusammen; die Rückwand ist offenbar schon beseitigt; es wird verdächtig hell im Hauptportal des Haupthauses, durch das die großen Personen einzutreten beliebten; bald ist auch der zweite Stock abgeräumt, und die Gemächer Seiner Majestät liegen schutzlos unter dem Himmel. Eine ganze Nacht tobt der Föhn, bis gegen Morgen sich steigernd, die Tannen biegen sich vor meinen Fenstern; das Krähenvolk wird keine Ruhe haben. Wie werden Staub und Splitter umwirbeln in der Ruine!

Nur der Risalit der Theaterfront scheint ernstliche Mühe zu machen: dort war noch ein Prunkgemach angelegt im ersten Stock mit drei rundbogigen Fenstern. Man hat an dieser Stelle mit ›Naturstein‹ gebaut; die Arbeiter kommen mit

Hammer und Meißel nicht so recht voran; hier versteift sich die Maison, die im übrigen gutmütig und ergeben in den Untergang sinkt. Der heilige Petrus schickt, eben sich wieder drehend, von der Turmhaube einen goldenen Blitz herüber zum Trost. Und dann ist wieder ein Tag der staubigen Passion, der Abtragung, bestanden. Ob auch der Abrechnung? Wehe der Generation, die nicht abzutragen weiß! Wehe der, die abträgt, und nicht weiß, was sie tut!

In einer kurzen Phase des Verfalls wurde das Haus wieder, was es von Anfang war: es hatte ja ursprünglich nur zwei Geschosse und darüber einen kunstlosen Giebel, und die Seitengeschosse dehnten sich in den angemessenen Proportionen aus. Aber ich mache es mir wieder leicht und fahre für einen Nachmittag ins Rebland, vorüber an dem musikalisch verklärten Klösterchen, das den Eiferer beherbergt hat, eh er wieder aufbrach in den Tumult seiner Zeit. Leichter Regen schleiert über die schneefreien Hügel, die Rheinebene dämmert fernhin wie blaue See; die Weidenstümpfe unten im Wiesengrunde entringen sich dem Winterschlaf und atmen von Wachstum, drängendem Leben, und die Wiese unter ihren Füßen wird weich und geschmeidig und spielt vom Grau ins Grün. Es ist, als ob die krummen, schiefen Weidenstrünke anfangen wollten zu laufen; als begännen im Abenddunste des Vorfrühlings die Trolle einen Tanz. Das Bächlein ist so munter wie Amseln und Meisen. Auf einem Hügel, zwischen den Rebpfählen, flackert Feuer. Sein Rauch zieht durch das Tälchen hinauf in den Wald, zu den vereinsamten Türmen der Yburg, der blitzgespaltenen Eibenburg, die früh schon ihre Herren verloren hat und dann manch schlimmes Volk beherbergte. Lassen wir die Erinnerungen und Vergangenheiten! Wissend oder nichtwissend schießen wir dahin im Leidgefälle der Welt. Aber der Varnhalter wirft einen goldenen Bogen darüber. Er ist noch rein und stark.

In der Nacht kommt der Sturm, der gestern abend noch weit draußen über dem Blau der Ebene dunkelte, die Wälder sausen, die Tannen; von Stunde zu Stunde schwillt die Oos unter dem brausenden Regen; dumpf schlagen irgendwo blecherne Gegenstände zusammen. Aber diese letzten Tage des Hauses, das wahrlich kein Denkmal der Baukunst war, schneiden mir tiefer ins Mark, als ich vermutet hatte – und die Geisterversammlung auf dem abschwebenden Balkon geht mir nicht aus den Augen. Morgens schäumt das Oos-bächlein, das sonst so gesittet ist, wie ein Flüßchen auf einem japanischen Aquarell, in gelbem Zorne unter den Brücken. Regenzeit ist schönste Zeit. Und der Regen regnet – wenig-stens für die melancholischen Narren – jeglichen Tag.

Ein verstorbener Freund kommt mir vor Augen, der mich in meiner besonderen Lage verstanden hätte: Heinrich Berl, Chronist der Stadt, Biograph Napoleons III. Die ungedie-gene Schlauheit und Verwegenheit, das politische Roulette-spiel des Franzosenkaisers, der bereit war, einen jeden Ge-winn einzustreichen, und immer auch bereit zum Bankrott, boten dem Chronisten ein anziehendes und hinwegtrösten-des Thema in den finsteren Jahren deutscher Scheinmacht. Er hatte ein ingrimmiges Vergnügen an den varietéhaften Gebärden seines Helden, an der unkaiserlichen Physiogno-mie seiner kaiserlichen Majestät und pflegte ihn einen ›Zir-kusdirektor‹ zu nennen – was freilich der Erscheinung nicht ganz gerecht wird und auch nicht ganz ernst gemeint war. Aber der große Bankrotteur gehört jedenfalls ins Städtlein, und ohne die von ihm gestiftete Unruhe hätte die Gestalt Europas sich nicht gebildet, die im Jahre 1914 den Toten-tanz antrat.

Heinrich Berl hatte einen ausgeprägten Sinn für die eine ganze Epoche treffende Ausdruckskraft gewisser Fakten; immer war er auf der Suche nach solchen bildhaft-körper-haften Zeichen, nach den Bonmots, die von den Tafeln der Könige und Minister, der Reichen und Spieler fielen, den Anekdoten und Schrullen, an denen es im Bürgerhause, unter einer noch eigenwüchsigen Generation, niemals fehlte, den Billetdoux und verräterischen Angebinden, die sich aus den Ridicules hervorstahlen. Natürlich konnte es nicht seines Amtes sein, die chronique scandaleuse zu verschmähen. Mit solchen Funden hatte er Glück, wie wenig Glück er sonst hatte. Er hat sein Schriftstellerleben tapfer ausgekämpft und mit Sorge, Undank und Enttäuschung, mit der Krankheit, die zur Existenz am Schreibtisch gehört, bezahlt. Dein Wohl, alter Freund! Für unsereinen gibt es nur einen Weg.

Natürlich hat Heinrich Berl seinen Platz unter der Schattenversammlung auf dem Balkon: ein volles, bleiches Gesicht unter üppigem, früh ergrautem Haar, fast ein wenig goethisch-imperial, zu welchem Gepräge die Statur nicht ganz paßte. Wie nicht anders zu erwarten, war er kein Mann, der auf festen Füßen im Leben stand oder auf der Heerstraße mitkam. Oft mag er durch das verödete Haus gegangen sein. Vor Jahren, beim großen Ausverkauf, als das gesamte Inventar versteigert wurde – welch eine Beschamung für die armen Prunkstücke der neunziger Jahre! –, verschaffte er sich einige wenige Stühle aus unserem Familienzimmer. Ich freute mich über diese Wiederbegegnung als Gast, oben in Berls Büchergelaß am Schloßberg, in einem nach seiner innern Struktur geheimnisvoll altertümlichen Hause, dessen Fenster weit hinaus auf die Rheinebene sehn. Hier, so hatte Berl entdeckt, hat Flauberts unsterbliche Geliebte gewohnt, die unbarmherzige Göttin der éducation sentimentale (und der Schriftstellerei); und der seltsame, unruhige, übersprudelnde Monsieur aus Rouen soll einmal hier zu Besuch gewesen sein. Wie gerne setzt man den Fuß auf eine Spur!

Es geht rasch, auch die letzte Bastion in der Theaterfront ist der nervenzerrüttenden Arbeit der Hämmer und Meißel müde geworden und gibt haltlos nach. Der äußerste Flügel, der des Speisesaals, soll stehen bleiben, er wird abgedichtet

und abgeschlossen. Hier unten soll der Kulissenmeister Ak-
kermann – natürlich sein Nachfolger, aber Ackermann ist
unsterblich und lebt persönlich in allen seinen Modifikatio-
nen –, hier soll Ackermann, der sich früher mit einer
Scheuer begnügte, eine über Erwarten geräumige, fast
komfortable Unterkunft für seine Bediensteten und seine
Versatzstücke finden. Denn das Bedürfnis nach Kulissen ist
natürlich um ein Bedeutendes gestiegen.

Auf der Straße zersägen die Arbeiter die noch immer respektablen Rippen des Dachstuhls. Zwischen den hohen
Gerüststangen der Eckfront gegen den Kurgarten hin ist die
Maison auf die Knie gesunken in demütiger Agonie. Die
Augen sind gebrochen: aus den zwei Rundfenstern rechts
und links des Eingangs, deren Scheiben herausgeschlagen
wurden, quillt Schutt. Das Schlimmste wäre also fast überstanden. Aber morgen ist Sonntag. Es gibt Tage, an denen
sich nichts verändert, auch der Fortgang des Schlimmen
nicht: Tage, die einfach ausgehalten werden müssen. Die
Agonie steht still.

Der Besuch

In der ›großen Zeit‹ des Hauses und des Städtleins, was
wahrscheinlich ein und dasselbe ist, haben sich, sofern man
den Statistikern trauen kann, gewisse Gewerbe und ihre
Träger auf erfreuliche Weise emporgeschwungen: an erster
Stelle natürlich Gasthofbesitzer, die, nach Umfang und Eleganz des Etablissements, in verschiedene Gruppen geglie-
dert wurden; aber auch die Musiklehrer, Wagenvermieter,
Hühneraugenoperateure, die, begünstigt von der modi-
schen Entwicklung und getragen von den Aufschwüngen
der Chirurgie, zum ersten Mal im Jahre 1890 nachzuweisen
sind, hatten, wie es scheint, nicht zu klagen. Mit der Seilerei,
Küblerei, dem Bürstenbinden ging es nicht mehr so recht
voran: man hatte wohl auch die Freude verlernt, am Fasse
zu sitzen und selber abzuzapfen. Auf steigender Straße be-
wegten sich dagegen die Photographen. Es gab gegen Ende
des Jahrhunderts zwei Hofphotographen und noch vier andere für Klienten, die keine Titel verleihen konnten, sondern redlich bezahlten. Unstreitig an erster Stelle der Zunft
hatte sich Wilhelm Kunzemüller ein modernes Etablissement aufgebaut, zwischen der Maison und dem Theater, genau über der Höhle, aus der Kulissenmeister Ackermann
allabendlich seine Requisiten herbeischaffte... Der Hohe
Herr – und auch Ihre Majestät, von anderen höchsten Herrschaften und den deutschen Zaunkönigen zu schweigen –
unterzogen sich Wilhelm Kunzemüllers Veranstaltungen
mit derselben feierlichen Geduld, mit der sie sich den Bemühungen des Bildhauers Joseph Kopf auszusetzen geruhten. Dieser soll mehr als zweihundert Büsten der Nachwelt
hinterlassen und damit den Bedienten des Szenenbeherr-
schers reichlich Arbeit verschafft haben.

Wie lange mag es gedauert haben und wie viel mußte bedacht und vollbracht worden sein, bis Wilhelm Kunzemüller

Beim Photographen

endlich das Bällchen der Druckvorrichtung in der Hand,
unter dem aufgeworfenen schwarzen Tuche verschwand!
Man sieht das Atelier auf einer alten Abbildung bewimpelt
und mit Pflanzenkübeln dekoriert; vorn auf der Promenade
sind einige der wichtigsten aus der Werkstatt hervorge-
gangenen Bildtafeln ausgebreitet unter der Kamera und einer Schmuckvase. Aber, um die Wahrheit zu sagen, die
Aufnahmen Kunzemüllers, den ich als Kind noch kannte als
einen freundlichen weißbärtigen Herrn, gehören zu den besten der Zeit und reden an der Stelle, wo die Historiker ver-
stummen. Ich selbst habe leider zum Ruin des berühmten
Instituts etwas beigetragen: als gegen Ende des Ersten
Weltkriegs, im Anblick der sicheren Katastrophe, die Hilfs-
mittel aufgeboten wurden, die nicht mehr helfen konnten,
waren wir Schüler beauftragt, die verschiedenfarbigen Tücher zu registrieren, die der Photograph unter dem Glasdach
des Ateliers mittels einer langen Stange hin und her schob,
bis das Objekt in die günstigste Beleuchtung versetzt war.

Mit einer Vollmacht versehen bin ich also in das berühmte Atelier gedrungen, das seit langem keine Hoheit mehr empfangen hatte, aber auch am Mangel bürgerlicher Sujets litt.

Natürlich hatte sich mein Großvater, freundlich, lebensfroh und bestimmt, mit vollen Wangen, Mittelscheitel und Spitzbart hier konterfeien lassen: die breite goldene Uhrkette kam dabei zu besonderer Wirkung. Hochzeiten und Erstkommunionen waren undenkbar, ohne daß Wilhelm Kunzemüller die Beteiligten zu eindrucksvollen Gruppen ordnete – vorn lagen in malerischer Stellung die Sprößlinge, Hoffnungen, die nicht restlos eingelöst wurden, und die Lieblingshunde, Fifi und Mélac, ein Pudel, der den Namen des französischen Mordbrenners führte; dann stieg das Tableau zu den Hauptpersonen und Würdenträgern, dem Stolz der Familie auf. Noch mein Vater hielt es für angemessen, an den Marken seines Lebensweges Verwandten und Freunden mit einem auf steifen grauen Karton aufgeklebten, mit dem in Gold gepreßten Namen des Porträtisten versehenen Bilde eine Freude und Ehrung zu bereiten. – Ob nun damals die etwas mürben Tücher für eine Sinnlosigkeit beschlagnahmt wurden, ob die Verteidigung gelang, weiß ich nicht. Jetzt macht das Etablissement einen melancholischen Eindruck: die Scheiben sind dunkel und blind, die Fahnenstange wird schwerlich noch einmal bewimpelt werden; das Schicksal des Nachbarn ist ganz nahe. –

Gegenüber hat sich mein Großvater, im Besitz des Erreichten, seinen Alterssitz gebaut, mit dem Blick auf das Hotel und den Kurgarten. Genießen sollte er ihn nicht mehr: er hatte das Glück, eines Abends, als eben aufgetragen werden sollte, vom Tische abgerufen zu werden und die finstern Mysterien der Krankheit nicht zu erfahren. Oder könnte es doch eine Gnade sein, in ihnen unterzugehn?

Die letzte noch lebende seiner drei Töchter würde das entschieden verneinen. Sie hat im vorigen Jahr, im Alter von 87 Jahren, ihr Haus der eingedrungenen Militärmacht wieder abgewonnen, und zwar von Rechts wegen; denn politische Argumente waren nicht gegen sie vorzubringen; aber Unrecht wird jederzeit durch Unrecht vergolten. An Stelle der culture versuchte sie altbadische Familienkultur wieder aufzubauen, und nun lebt sie mit dem winzigen braunen Spitz unter dem Vererbten, am gewohnten Ort, Pflegerin der tausenderlei Dinge, die unter ihrem Schutz die Zerstörung überstanden haben, ein wenig gebeugt, aber ungebrochen an Willen und Temperament. Das Alter hat die ausdrucksvolle Schönheit der Züge nicht aufgehoben, nur überschleiert. Noch immer trägt sie ihr volles graues Haar. Und wenn sie jetzt, in der Sofaecke des Wohnzimmers, bewillkommnend das zierliche altrote Glas erhebt, so hat sie die Anmut der großen Damen der alten Zeit, deren Dahingang Villon beklagte, während er sich mit Dirnen berauschte. Où sont les neiges d'antan? Und es hat doch, noch lange nach Villon, große Damen gegeben. Man mag sie nicht aufzählen, um keine zu vergessen. Aber jetzt und etwa morgen?

Das Hundchen sitzt aufrecht vor uns, legt die winzigen Pfötchen zusammen und grüßt und bittet. Man muß aber sehr vorsichtig umgehen mit ihnen beiden, dem Hundchen und der Herrin; ein jedes ist eifersüchtig auf das andre; macht man der alten Dame ein Kompliment, so knurrt das Spitzchen aufgeregt – das Züngchen hängt seitlich ein wenig aus der angegrauten Schnauze –, und die Herrin würde es nicht gerne sehen, wenn man das Hundchen mit einem der weihnachtlichen Buttergebäcke oder einem Stück des vortrefflich aussehenden heimatlichen Käsekuchens erfreute. (O senhor janta o vinho, und zwar den vom Schlößchen draußen zwischen den Weinhügeln.) All die emsigen Uhren stimmen überein im Reden von der Zeit; die Glocken und Pendel rufen einander und antworten, und die Zeiger zukken im selben Augenblick; es sind Uhren in Boule und Empire, englische, französische, deutsche; ich kenne sie noch nicht alle, aber es ist, als ob ein einziger Pulsschlag sie belebte: Zeit, Zeit, Zeit, also Lorcas Melodie und die Unamunos und Karls V. pedantisch-schwermutsvoller Trost. Die alte Dame hat die Zeitlichkeit wohl erfahren; sie klagt nicht, ist niemals krank und niemals schlechter Laune. Im Alter von 87 Jahren fange man nicht an, sich mit einem Arzte einzulassen. Sie duscht sich kalt, bereitet sich starken Kaffee und serviert ihn sich selbst auf dem schmalen bronzebeschlagenen Empiretisch, an dem Ihre Majestät ihre Schokolade eingenommen hat. Das ist das Geheimnis ihrer Lebensführung: Achtung vor sich selbst; sie behandelt sich mit Umsicht und Energie als respektable Person, der man jedoch keine Nachsicht erweisen darf. Mittags bereitet sie für sich und das Spitzchen ein Hühnchen oder ein Täubchen; gleich darauf serviert sie sich den Mokka im Wintergarten, zwischen den Kakteen, Hyazinthen, Primeln, Alpenveilchen, den bunten Lampions der Judenkirschen und den Schlinggewächsen.

Lora, der sagenhafte Papagei, der noch in meiner Kinderzeit kreischte und mir einmal, weil ich ihn ärgerte, in den Finger hackte, ist immer noch da, wenn er auch nun nicht mehr zu fürchten ist. Er soll ein sehr hohes Alter erreicht haben und könnte noch aus Napoleons Zeit gekommen sein, ein Zeitgenosse und vielleicht Verwandter also des berühmten heiligen Vogels, den das coeur simple verehrte. In den Vitrinen sind die Tassen und Services bewahrt, die die Majestäten zu Hochzeiten und Geburtstagen schenkten, neben hauchdünnem russischen Porzellan, auf dem der streitbare byzantinische Doppeladler schwebt, unter Schmuck und Ketten, Medaillen, Orden und Münzen und Miniaturen und Etuis – ein jeder Gegenstand weckt Erinnerungen, Gestalten… Auch das Kränzchen hängt da, das die alte Dame vor achtzehn Jahren zur goldenen Hochzeit trug. Die Meißner Jahreszeiten führen ihren Reigen auf dem Tisch, stillgewordene Zeit, der Schneider Brühl, ausgestattet mit Schere, Brille und Nadelkissen und allem Zubehör, reitet, vornehm gekleidet, auf seinem Ziegenbock zu Hof, und der Meißner

Ofen von edler pflanzenhafter Form ist von den letzten Spuren der Mißhandlung befreit, die er unter ungebetenen Gästen erlitt. Gefährliche Hutnadeln mit funkenschießenden Köpfen haben sich auf einem Kissen versammelt; elegante Puppen sitzen gelangweilt auf dem Bett.

Hier ist nichts vergessen von Herkunft und Vergangenheit. Es ist in Heiterkeit bewahrt. Hauptperson ist das Hundchen; es schlüpft, wenn es regnet, in den Beutel, denn es will nicht naß werden. So gelangt es auch ins Kino; wenn die Herrin sich interessiert, so interessiert es sich auch. Auf Abwechslung muß man bedacht sein: man darf ihm zum Abend nicht Reste dessen anbieten, was ihm am Mittag behagte. Mit Rücksicht auf den Besuch ist die Ölheizung auf 15 Grad gestellt, abends wird sie auf die normale Temperatur reduziert werden: 6 Grad. ›Nein! Keine Bettflasche! Ich lese die halbe Nacht und keine schlechten Sachen!‹

Gewiß: es gibt Unfälle. Man kann von der Leiter stürzen beim Aufhängen der Familienbilder, vom Stuhl beim Blumengießen. Was hilft's? Der Spitz muß doch seinen Spaziergang machen. Und es gibt mit den tausend Dingen, den Kristallgläsern und Meißner Tellern, dem Tischgerät einstiger Festtafeln, dem Aubusson und dem Perser, vor allem mit den Uhren, unsäglich viel zu tun: all diese Dinge werden absterben, wenn nicht ein Mensch für sie lebt. Und die guten lebensfrohen Gesichter in alten Rahmen, die Miniaturbüsten der Majestäten, das nickende chinesische Kaiserpaar und Matten und Straußeneier aus Ägypten, die ehrwürdigen Nippes und geliebten Geschmackssünden, bunte Vögelchen aus Porzellan und die gläsernen Schmetterlinge, die sie umflattern, Fächer von zerstobenen Bällen, Münzen und Orden außer Kurs, die unzähligen Gläser und Tassen, an die keine Lippe mehr rührt, Schüsseln und Saucièren, von denen man nie mehr essen wird: sie würden ihr Recht verlieren, wenn sie nicht in einem Dasein beheimatet wären. Plötzlich bricht der Schmerz hervor: ›Aber das Haus! Und daß ich hier, von meinen Fenstern zusehen muß, wie es niedergerissen wird! Und ob man es nicht doch hätte retten können? Und warum man es abends noch so lange beleuchtet, bis halb zwölf Uhr, nachdem die Arbeiter schon seit vielen Stunden gegangen sind?‹ Ja, warum gönnt man dem Verfall nicht die Nacht, eine kurze Geborgenheit?

Sie ist überzeugt, daß Krankheiten Torheiten sind, Müdigkeit unmöglich ist, daß das Leben seinen Wert behält, solange der Wille nicht bricht und daß es Mangel an Stolz ist, sich zu beklagen oder das Gemäße nicht zu fordern und zu behaupten. Aber die Zeit! Die Zeit! (Die einzige Schwäche ist das Gehör. Sie antwortet, ohne verstanden zu haben, verbirgt den Apparat unter dem Fichu und zeigt ihn lachend: welches Glück, nicht zu hören und nicht zu verstehn!) Und nun ist eine fremde Jugend da, und für sie werden all diese Erinnerungsstücke nichts sein.

Unablässig ticken die Uhren, schwingen die Pendel, rücken die Zeiger aus fernen Ländern und Zeiten, einig in der Arbeit am Vergänglichen, in der Aufarbeitung der Welt. Die Uhren führen alle denselben Schlag und die Nächte haben dieselben Sterne am Himmel: das ist der Refrain eines spanischen Liebesgedichtes; wir sind ewig und wir vergehen.

All die Lampen und Lämpchen unter Schleiern, Schirmen und Gläsern sind wohlvertraut mit dieser tödlichen Monotonie. Ich weiß nicht, ob dies eine Arbeit des französischen oder russischen Empire ist: ein junges Mädchen von frauenhaften Formen liest in liegender Stellung in einem Buch, das auf Uhrwerk und Zifferblatt ruht. Unter dem Buch arbeitet die Zeit, die es zerstören wird – so werden alle Bücher zerstört –, und indessen vergißt und versäumt die schöne Leserin ihr Leben über Buch und Uhr –, und plötzlich sieht sie im Spiegel ihr Gesicht, und es ist alt, und die Welt, an die sie gewöhnt war, ist längst nicht mehr, und das Haus, in dem sie geborgen war, wird abgebrochen, und alle, mit denen sie umging, ehe sie – gestern erst – im Buch der Weisheit und des Todes sich verlor, liegen im Grabe. Und das Buch ist ausgelesen, und das ist nicht zu bereuen. Die Liebenden, sagt der König von Sizilien im ›Wintermärchen‹, verraten sich durch den Wunsch, daß die Uhren schneller gingen – ›wishing clocks more swift‹ (I, 2). Aber lange schon schläft die Liebe, und das Märchen unseres Winters wird ohne Tränen und Seligkeit zu Ende gehn. Jetzt ist nur noch die Zeit da – und der Schatten der Stunde, die kommt. Möge sie spät erst kommen und behutsam und milde, als Einklang aller Uhren, und der Herrin und dem Hündchen, das wieder aufrecht sitzt und mit den Pfötchen bittet und winkt, ihre Treue nicht vergessen! Ich stoße zum Abschied an: Klang, der nicht mehr erklingen wird.

Dann gehe ich am Hause vorüber, an seiner schamlos beleuchteten Agonie. Morgen werden die Spitzhacken die letzten Fenstergiebel des ersten Stocks zertrümmern und die Schaufeln werden den Schutt aus dem Kaiserzimmer hinunterschütten ins Portal. Nun steht nur noch eine schmale hohe Gestalt zwischen den Gerüststangen, dort, wo der Balkon verschwunden ist: der kaiserliche Herr. Aber der ein wenig närrische Zug des Kaisers Napoleon, das Aufgebot überhoher Zylinder in den Wagen und über den Pferden, dem der Herr nachwinkte, ließ keine Spur. Und immer wenigere werden sich des Herrn erinnern, nachdem das Haus gefallen ist, dem er seine Gunst geschenkt hat. Wie aber Adel nicht ohne Schloß sein kann, was er sein soll, so Geschichte nicht ohne Haus: wo sie vertrieben wurde, kehrt sie nicht wieder. Könnten wir das Äußerste halten: die Urne, in der die Asche ruht, die Herzurne der Habsburger in ihrer Gruft!

Es ist ganz dunkel, nur die Gestalt war wie ein Lichtschein. Oben, über Wilhelm Kunzemüllers ausgestorbenem und längst verurteiltem Etablissement, leuchtet rötlich gedämpftes Licht im Zimmer der Leserin, über dem Buch, dem Zifferblatt. Aber wie um die dämonischen Wesen, die den Schiffern zum Verhängnis wurden, hat sich eine gläserne Kugel um sie und das Hundchen geschlossen: sie hört das Ticken und Schlagen nicht mehr.

Fliege fort!

Wenn ich nicht mehr zurechtkomme mit dem, was um mich und in mir geschieht, so nehme ich Himmelsphotographien vor und die dazu gehörenden Zahlen, Bilder der Milchstraßen und Kugelhaufen, die kaum an ihren Rändern in ihre Sterne aufgelöst werden konnten, der wildbewegten, von Nacht durchzogenen Nebelwolken kosmischer Geburt und grenzenloser Leere. Wir haben uns an das Wort Lichtjahre gewöhnt und an sechs- oder siebenstellige Zahlen davor: aber wer ist imstande, den Raum sich vorzustellen, den das Licht in einem Tage, in einer Stunde durcheilt! Und dann steigen und sinken die grenzenlosen Nächte, und wir gehen unter in ihnen und dahin. In einem Milchstraßenjahr, dem Einmal ihrer Drehung, hat die Geschichte der Menschheit sicherlich Platz. Wir können nicht mehr aufblicken wie der fromme Kepler. was uns durchschauert, ist erhabene Sinnlosigkeit, leblose, kreisende Feuer, willkürlich ausgeschleudert und zusammengeworfen, in all ihrer Gewalt unter der Übermacht der Nacht; und dazwischen irrend an unscheinbarer Stelle diese unsere Zauberinsel des Lebens und Geistes, der Schuld und des Todes. Wir kennen vielleicht das Baugesetz, was ja nur heißt, daß wir glauben, es experimentierend und beobachtend, nicht aber schauend erkannt zu haben, aber wer wagt, von einem Plane zu reden der Weltharmonik, gegenüber diesem Treiben und Sich-Verlieren und Auseinandertreiben, das in den äußersten unseren Instrumenten erreichbaren Bezirken schon ein Fünftel der Lichtgeschwindigkeit erreicht! Was hätte Kepler gesagt zu der Auffassung, daß Weltall – wie Lebensentfaltung – explosive Prozesse seien! Wohl mag der Flucht der Welteninseln eine Grenze gesetzt sein, von der sie wieder zurückläuft: dann wüßten wir von Ausdehnung und Zusammensturz, von dem einen Herzschlag des Alls. Aber wer vermag es, den Gott, dem der Mensch in seinem Innern begegnet, den Sokrates fand und Plotin und Dionysius Areopagita und Mechthild und Cusanus, als den Gott *dieses* Alls zu verstehn! Hier ist vielleicht der tiefste Bruch in unserer religiösen Existenz. Der Kardinal, der den roten Krebs im Wappen führte, ein Bild des gleichzeitigen Vor und Zurück, Hinauf und Hinab, hätte vielleicht standgehalten; er hatte in seinem geheimnisvollen Wissen dieses fast Unmögliche vielleicht vollbracht: die unüberbietbare Übermacht grandioser Sinnlosigkeit müßte mit der Offenbarung und Heilsgewißheit zusammenfallen. Wer aber will den verwerfen, den die Frage des Alls übermächtigt? Und eine jede Frage, die wir stellen, außer im Glauben, hat nur Aussicht, von einer neuen Frage beantwortet zu werden. Wer wird wirklich ruhig über theologischen Auslegungen moderner Erkenntnis, des kosmischen Problems, dem des Lebens und dem der Geschichte? Wer kann sich dem Gefühl entziehen, besiegt zu sein und unterzugehen im Ozean funkenstiebender Nacht? Es ist Hybris, den Sinn in sich selbst zu finden, in personaler Geistigkeit, wie Pascal und Fichte das wollten. Es ist Vernichtung, es nicht zu tun.

Gut steht es nicht, weder drinnen noch draußen. Ein Geistlicher der Nya Kyrka, Leiter ihrer Versammlungen, hat erklärt: die religiöse Renaissance sei nur zu erhoffen, wenn dem Volke die von ihm erwartete logische Religion (en logisk religion) verkündet werde. Sonderbarerweise berief er sich dabei auf Swedenborg, der zugleich Rationalist und Visionär war und sich um den kommerziellen Umgang im Jenseits Sorgen machte; seinem Gedächtnis weihte der Herr Pastor eine Kirche. Die Aussicht, daß die religiöse Renaissance aus ihr hervorgehe, ist nicht allzu groß; die Versöhnung von ›Herz und Gehirn‹ wird schwerlich gelingen; Religion ist heroischer Widerspruch gegen die Erfahrungswelt, Weisheit der Kinder, unbedingte Hingabe an den stummen Fährmann in schutzlosem Boot, auf der Fahrt durch die kosmische Nacht.

Der ehrwürdige Pfarrer C. E. T. Engsig-Karup in Horsens in Dänemark hat den Mut, noch an Schutzengel zu glauben, an die im Bereich der Mystik erfahrene Führung. Er wollte Seeoffizier werden, stahl aber als Kind aus der Kommode seiner Mutter 25 Öre, um seine Kameraden mit Näschereien zu erfreuen; Leugnung und Reue zogen ihn auf den geistlichen Weg. Ob Dänemark abgefallen sei? Ja. – Ob es sich wenden könne? Das wisse er nicht. Er könne nur arbeiten, nicht ernten. – Sein Schutzengel, das glaubt er fest, hat ihn einmal aus Lebensgefahr gerettet. Er ist dem Herrn Jesus Christus begegnet in der Kirche Konstantins des Großen in Nazareth. Er weiß, daß Dänemark das unglücklichste Land werden wird, wenn die Wende nicht geschieht, aber er verheißt sie nicht. Er gibt nur Zeugnis. Auch er ist überzeugt, daß das Christentum der Vernunft nicht widerstreitet – aber der Vernunft der Kinder im Sinne Kierkegaards. In solchen Erscheinungen verkörpert sich die religiöse Tragödie des Nordens. Sie schlägt in einzelnen, schroff exponierten Erscheinungen um, aber an eine Losung für die Völker ist gar nicht zu denken.

Keine Vorstellung fordert mehr starr-konstruierende Phantasie als der radikale Materialismus: daß die Materie aus sich selbst im Archaikum oder Algonkium das Wunder eines Einzellers zwischen Leben und Nichtleben, einen Virus hervorgebracht habe, aus dem sich, im Schoße des Tropenmeeres, Pflanzen und Tiere entwickelten, die sich, immer zwischen Tod und Leben, ans Land wagten, sterbend und sich verwandelnd, bis sich der unsagbar komplizierte Organismus des Menschen, das Zusammenspiel des Gerüsts, des Gehirns und seines ›steuernden‹ Anhangs, der Organe, Gewebe, Nerven, Muskeln, Drüsen und ihrer Sekrete, von den Sinneswerkzeugen zu schweigen, aus diesem Ursprung hervorbildeten, ohne Führung einer höheren geistigen Wirkkraft: das zu glauben ist viel schwerer als die Unterwerfung unter die Paradoxien, die tragischen Verheißungen des Christentums. Das Zeitalter, das sich dieser

Ungeheuerlichkeit vermaß, wird abgebrochen. Was kommt? Noch nicht einmal in unserer Milchstraße, die immerhin von Rand zu Rand 100 000 Lichtjahre mißt und 16 in der Stärke von Fläche zu Fläche, nicht in einem einzigen ihrer Jahre, das weit über 200 Millionen Erdenjahre beansprucht, werden wir je zu Hause sein. Und doch gibt es Nächte, in denen es wohltut, sich in dieser Finsternis zu wissen: sie erquickt uns mit der Verheißung des Nicht-mehr-Seins. Ein Gebet ist, vor der Abfahrt, immer noch möglich: Lasse mich schlafen unter Deinen Füßen – in Ewigkeit.

Nur die Rätsel sind stark. Wenn die Aale geschlechtsreif geworden sind, wandern sie aus den Flüssen Europas durch den Atlantik, über den sie vor Jahren kamen, zurück in das Sargassomeer: das ist die Wiege der Zeugung und des Todes. Die Eltern sterben; die Jungen ziehen auf ihrem Wege über den Atlantik in die europäischen Flüsse, Myriaden ausgeworfenen Lebens, Opfer des Daseins, Dasein, das seine Schuldigkeit bezahlt. Im Bauch eines Bartwals wurden fünfzehn Seehunde und dreizehn Delphine gefunden. Die Eintagsfliege wird ohne Darm, nicht lebensfähig geboren, fähig allein des ewigen Augenblicks ihres Liebesspiels. Wo ist der Sinn?

So geht die Nacht hin. Ich begrüße am Morgen die Spitzhacke auf den Fenstergiebeln und die Schaufler im Kaiserzimmer. Neben dem Saalbau will es in den letzten Tagen nicht recht vorwärtsgehen. Aber es kommt auf das Mittelstück an, und es ist Zeit. Denn allenthalben in den Hotels des aus dem Kleinstadtschlaf erstehenden Weltkurorts ist ein Scharren und Klopfen, Hämmern und Verputzen im Gange. Der alte gemütliche Aufzug meines Domizils, der gemächlich schwankend die wenigen Stockwerke erklomm, wird unter erheblichem, langwierigem Lärm herausoperiert. Wenn der neue blitzschnell durch die Etagen fliegt, wo werde ich dann sein? Fassaden werden gescheuert, Dächer geflickt, Cafés, Restaurants, die sich um die Wintergäste nicht kümmerten, schlagen verdrießlich die Augen auf, Terrassenfenster werden vergrößert, und dahinter erblühen einladende Blumenarrangements. Sonntags finden sich bedenklich viel Menschen im Hotelrestaurant ein; die harte Strahlung der Blicke einsam tafelnder Damen von reiferen Jahren wird empfindlich. Ich brauche nicht aufzusehen, das Scheitelauge genügt, wie fast immer im Leben. Ich sehe, was ich nicht sehe; der Ober, der sich um Weihnachten verabschiedete, ist wieder da; in wenigen Wochen wird die volle Kurtaxe gelten – ein Halbdasein wie das meine wird dann nicht mehr geschätzt werden. Den ganzen Tag schon und bis in die Nacht hinein funkelt der Lüster in dem charmanten roten Modesalon unter den Kolonnaden. Er ist die Vollendung der Bemühungen, denen der Salon des Confections gewidmet war, eine Enklave von Paris. In hoffnungslosem Unverstand bewundre ich die sparsam ausgelegten Attraktionen – welche Intervalle! –: ein schmaler weicher Gürtel mit verwegener Schnalle, ein diskreter elastischer Schirm, eine aufreizende Tasche, in der sich das Schicksal ihrer künftigen Trägerin versteckt haben könnte. All das und gar die grotesken Kostüme, die kecken Mäntel und die verrückten Puppen, Reflexe des Menschen von jetzt, sind Hieroglyphen der Zeit – wie auch die Roben im Salon des Confections durchaus als solche anzusehen waren –, es wäre reizend, wenn die Repräsentanzen einander begegneten. Nicht eine Kleinigkeit, nicht die Ansteckblume aus Metall, nicht der Nylon-Handschuh, der schmaler Hand sich anschmiegt wie eine abgeworfene Schlangenhaut, lassen sich aus dem Geschichtlichen herausnehmen. Wie der Mensch den Menschen bewertete, der Mann die Frau, die Frau sich selbst: das sagt die Mode. Hier – wie sehr gehört das zum Städtlein – löst sich der pathetische Wogengang der Geschichte in eine Schaumlinie auf, die der Frau um die Füße spielt. Mich faßt Reue: hier ist der Ort, Abbitte zu leisten für das Unverzeihliche, das ich in meinen Schulheften über verkleidete Schönheit angemerkt habe. Tretet ein in das rote Tempelchen – und der Zeiger der Boule-Uhr läuft eilfertig zurück, und immer weniger Schläge löst er aus. Es wird wieder Morgen, die Schönheit wirft ihre Maske, Baskenmütze, Brille, Stock und Hörrohr und das Faltennetz ab: sie wird zurückverzaubert in das, was sie war und ist. Es liegt ihr nichts mehr an der Speisekarte und all dem lächerlichen Lärm um die Existenz; sie ist der Blitz der Libelle, der Feuerfliege: nur dafür wurde sie geschaffen.

›Salon des Confections pour Dames‹

Was hilft's? Die Saison beginnt. Man könnte sich Sorgen darüber machen, ob bis dahin der Abbruch vollbracht und das Beingerüst samt den Schutthaufen der Vergangenheit verschwunden ist, ob der Parkplatz planiert, die freundliche Grünfläche angesät sein wird und der polyglott geschulte Taxihirte sein Amt antreten kann. Hoffen wir vor allen Dingen, daß die Szenenmeister im Speisesaal unbehindert malen und schneiden, kleben und nageln können! Zweierlei bleibt unter allen Umständen: Parkplatz (oder Grünfläche) und Kulissenraum; die Leere und der Schein.

Ob wohl das Geburtshaus Jens Peter Jacobsens in Tistedt noch steht? Ich las eine sonderbare Erzählung von Arthur van Schendell: ein Taschendieb ist zu stolz für sein Gewerbe. Er versteht auf Menschen zu wirken und einen großzügigen Straßenraub einzurichten, hält Hof in einer Felsenburg im Walde und erweist sich als Gastgeber von aristokratischen Formen, wenn vornehme Herren, Künstler, Gelehrte geschnappt werden. Eines Tages wird ein berühmter Rezitator eingeliefert und von dem Räuberfürsten mit Ehren empfangen. Der Tragöde gibt am Abend eine Vorstellung. Er rezitiert zehn der bedeutendsten Tragödien der Menschheit. Der große Herr lauscht gebannt die ganze Nacht hindurch. Er klatscht nicht am Schlusse. Statt dessen reicht er dem Künstler seinen Federhut und seinen Degen: das also ist die Welt. In ihr lohnt es sich nicht, großer Herr zu sein. Der Bekehrte geht in die Stadt, wird wieder gemeiner Taschendieb und endlich erwischt und gehängt. – Das ist ein seltsamer Lobspruch auf die Tragödie, die Wahrheit der Kunst.

Es ist zu verstehen, daß Plato der Jugend seines unerbittlichen Idealstaates die Tragödie verboten hat – wie ja dieser Staat kaum von einer Diktatur übertroffen werden kann. Die Freiheit der Griechen ist nicht die, von der wir unablässig reden. Die Tragödie ist immer im Recht und immer ins Künftige gewendet. Der Abbruch des Hauses geschieht einen jeden Tag. Sollten wir verzichten auf Spiel und Form? Nein. Wer die Tragödie nicht vorwegnimmt und überall erwartet, verfehlt die Wahrheit selbst. Blicken wir sie an! – Kurzum: es ist mir nicht so recht geglückt, mich ein wenig zurechtzubringen. Das Tagesprogramm, auf das ich anfangs so stolz war, ging längst in Scherben; oft reichte die Zeit nicht für Kirche und Brunnen. Ehre und Ehrfurcht dem Quellgeist! Aber daß es Wasser allein nicht tut, stellte schon

Professor Nietzsche fest, während er vom einstigen Quartier Napoleons III. in die ihm imponierenden neuen Badehäuser ging. Mag mich der Weingott vor dem Zorn des Quellgeistes beschützen! – Und die langen dunklen Stunden und der mühsame Anlauf des Tages und die Flucht vor der fahlen Wintersonne des Nachmittags in dem schönen, immer fremden Zimmer! Unter den Poeten – denen ich mich nur aus Verehrung anschließe, folgend aus der Ferne und ohne jeden Anspruch auf ihre Kränze oder die Papierrosen der Literaturgeschichte – finden sich etliche Höhlenbewohner: Euripides und Camoens; ich denke auch an die von Kerzen erleuchtete, von Ranken überhangene Höhle, die der junge Mörike sich in seinem Garten erbaute, um ein wenig beschützt zu sein vor der Sonne liebem Licht. Eine grüne Arbeitshöhle sind schließlich auch die wichtigsten Räume im Hause am Frauenmarkt gewesen. Und was – zuletzt – mich selbst betrifft, so könnte ich Wochen und Monate hinter geschlossenen Vorhängen verbringen.

Nur auf den Himmel der Nacht verzichte ich nicht. Und leise über die Wüsten der Traurigkeit höre ich Städte und Völker rufen. Der Atlantik zerschäumt an den geliebten roten Felsenklippen vor Lissabon, unter Mimosen (jetzt werden sie blühen), Kiefern, Agaven; die riesigen Möwen werfen sich von ›meinem‹ Dachfenster in Stockholm in die Salzsee, den Finnlandschiffen nach, und die Ostsee brandet gegen die Mauern Visbys und wird still am Abend, unter dem Flugzeug, wenn die geraubten, versunkenen Edelsteine aus den Tiefen leuchten. Und wieder der Süden: auf der lustigen Straße der traurigen Stadt Vila Viçosa werden die Orangenbäumchen schwer beladen, zitternd stehen, und drüben am Mittelmeer neigen sich die Zypressenwipfel vor der Schwermut des Königsklosters Pobled, und ein Palast hinter der Kathedrale von Barcelona birgt mit einem gewaltigen Tempelfragment die Herrlichkeit der Alten Welt. Und die Völker beginnen zu singen: es ist das eine Lied, dem ich nie widerstehen konnte.

Einmal werde ich mich doch entschließen, zur Hofburg zu pilgern, zur Kapuzinergruft, zum Grabe Prinz Eugens, in die Spiegelgasse und unter die weichen trächtigen Nußbäume, die rebenschweren Ranken eines Höfchens in Grinzing, in Schuberts schmerzliches Glück. Welcher Adel der Bescheidenheit! Und ich werde die Reichskleinodien sehen, die verleuchten in den Glasschreinen der Hofburg: die eine und einzige Krone des kaiserlichen Gottvaters als Bild und Widerschein. Das Einhorn, das Ainkhürn, hat noch ein wenig Macht:

> mit meinem Lauf thu ich überschreiten
> Pferd, Wind, Lux, Pantherthier zu allen Zeiten,

wie auf einem Angebinde des Polenkönigs Sigismund an König Ferdinand I. zu lesen war. Von Wien kam wohl der stärkste Ruf, der mich traf. Aber ich konnte ihm nicht gehorchen. Ich habe gelernt, an Gräbern zu stehn und traue mir mancherlei zu: dieses bisher nicht. Der verhallende Klang des Kaisermarsches richtet mich zu Grunde.

Und nun – im Traume – ist der Sitzgürtel umgeschnallt, und der Flugkapitän sagt seinen Namen und wünscht gute Fahrt; und unten fluten die Wolken, wogende Landschaften über der norwegischen Küste, Geschenk an unser Jahrhundert, an diese unsere todesschwangere Zeit. In den Farben Grünewalds spielt die Sonne über Kopenhagen am späten Abend, und die Landschaft zerfällt, und in der Tiefe liegen die Pyrenäen im Schnee, lichtlos und lebensfern, und schon flammen die kühn ineinander geflochtenen Feuerzeilen der großen Städte auf. Und es ist, als ob die Flügel durchbrächen, noch einmal, über die Kraft. –

Ein großes Geschenk macht mir noch das Städtlein: es ist seiner Schläue gelungen, Werner Bergengruen zu bezaubern und zu verführen und ihm die Bürgerschaft anzutragen. Ich bin hinaufgepilgert zu der Stelle, wo er bauen will: er wird Hohenbaden im Fenster haben und den Felsenschimmer – wer will es mir verwehren, mir einzubilden, daß es der Herkynische Fels des Apollonius ist, erste Botschaft des Schwarzwalds an das späte Griechenland. Bergengruen wird die Waldwiese unter sich sehen, auf der ich mich mit Schulkameraden gebalgt habe; sozusagen liegen alle meine liebsten Erinnerungen zu seinen Füßen. Kein Dichter hätte das erfinden können, daß zu derselben Zeit, da die Maison ihre letzten Staubwolken aushaucht, der Freund baut – und wieder empfange ich eine Art Heimatrecht, welches Recht ja immer Geschenk ist. Und wenn die Besucher und Besucherinnen, Briefschreiber, Autographenjäger und Manuskriptversender und Verleger und Journalisten ein wenig Einsehen haben sollten – wie inständig möchte ich sie darum bitten –, so steht dem Städtlein neuer Ruhm bevor, und Quellgeist und Dichtergeist werden sich vereinen, Feuer der Tiefe und Feuer von oben. Und auch der weise Regent mit dem Schlüsselzepter, der heilige Petrus auf der Turmhaube, wird des Nachts, wenn er sich heimlich wieder drehen will, von einem blauen Flämmchen besucht werden.

Es ist Zeit. Sicher ist es nicht, daß die Flügel tragen. Aber der Versuch muß gemacht werden. Ich weiß nicht, ob nach Süden oder nach Norden. Die westlichen Völker sind mir unheimlich nah, wie die Schattenversammlung auf dem entschwebten Balkon. Die Synthese gelingt mir nicht. Es geht um das Fliegen, nicht um das Leben. Es geht um das Glück der Abschiede – dieses unbegreifliche Leuchten und Dasein, dieses stehende Feuer europäischen Herbstes.

Und dann, noch einmal, ein regnerischer Abend oben unter Alt-Eberstein. Die Rheinebene ist ein beschatteter Ozean. Durch den Himmel zieht sich ein fahlgelber Streifen, aus dem das Licht sickert; Wolkenfetzen, dünn wie morgendlich betaute Gespinste im Schilf, jagen darüber hin, und die ganze Landschaft ist ausgefüllt von Regen. Die Burg der Dynasten, denen einst, vor den Zähringern, das Ländchen gehörte, wird von einigen Kiefern bewohnt. Einst hielt Otto der Große es der Mühe wert, sie zu belagern. Die Turmtreppe, sagt der Wirt, ist abgebrochen. Man wird sie schwerlich restaurieren. – Das Licht spielt hinter den Regenwänden kühn zwischen Schwarzblau und hellem Gelb; darunter ertrinkt die Ebene; fern, die hohen Wellenkämme des Schwarzwalds tragen Schaumkronen aus frischem Schnee, und die Wolkengeister wirbeln zwischen Schneeschauern um den alten Turm. ›Gehen wir, um nicht anzukommen. Gehen wir, um zu gehen.‹

Weg zur Yburg

Dann ist wieder Frühling im Rebland. Sobald die Schwelle zwischen Yburg und Fremersberg überschritten ist, wechselt das Licht. Schon weiden Schafe, bewacht vom Hunde, unter dem Kloster. Aus dem Rheintal schießen Blitze, und fern, hinter den Vogesen, auf den breiten Wolkenbänken in Blau und Orange, schlafen die kommenden Unwetter. Noch einmal möchte ich jenseits des Rheins die Straße nach Gunsbach hinauffahren, zwischen den Weingärten und in der Kirche neben der Orgel sitzen, neben ihrem liebesstarken Organisten, angesichts des Kreuzes, unter dem die Worte stehn: Tout est accompli.

Wo Streit ist, da ist auch Friede. Das Elsaß soll während der Französichen Revolution siebzig Generäle gestellt haben, der Arc de Triomphe ehrt ihrer sechsundzwanzig namentlich. Heute wird das in Zeitentiefe versunkene Land, das unsagbar schöne, von 226 Störchen bewohnt, die über 115 Nester gebieten. Wer will es leugnen, daß Generäle und Störche zusammengehören?

Auch das Neuweirer Schlößchen reibt sich den Schlaf aus den Augen; in dem alten Gemäuer rumort es verdächtig. Ich fahre grüßend ein Stückchen weiter in das altgeschätzte ›Lamm‹, ländliche Einkehr der Vornehmen von einst. Die warme Holzverkleidung tut wohl. Nur der Katze zu Gefallen hat der Ofen noch ein Feuerchen aufgespart: sie schläft sich auf dem Kissen der Ofenbank, halb auf dem Rücken liegend, in den Frühling hinein. Draußen wandert das immer milder gewordene Licht über den steilen Rebberg, und durch das halboffene Fenster weht der Atem der Ställe. Schon muß ich im Herrgottswinkel, der sonst in eine beruhigende Dämmerung aufnahm, das Glas aus der Sonnenbahn rücken: mir wird es zu hell. Es ist Zeit.

Der letzte Gang auf der Via triumphalis, der letzte Blick: Schutt, keine Form mehr. Ob ich ein Andenken mitnehme, den Splitter eines Fensters? Ach nein.

Ein Labyrinth, das vergangene Zeit gebaut, in dem wir gefangen waren, ist abgeräumt. Einst lag Segen darauf. Aber der wurde nicht gut verwaltet. Die ganze Herrlichkeit jener Jahre ruhte auf Sünden, auf Unrecht an der Arbeit. Aber auch an Verteidigern darf es nicht fehlen. Der Prozeß muß vertagt werden. Eine jede Zeit beendet sich selbst. Und gewiß hatte der Tod recht, als er dem Ackersmann von Saaz zu verstehen gab, daß kein irdischer Verlust zur Empörung berechtigt, weil wir die Dinge nur um den Preis ihres Endes besitzen, und also ein jedes seine Schuldigkeit bezahlt, und daß wir auch Menschen nur finden und lieben um den Preis des Todes.

›Gehen wir, um nicht anzukommen.‹ Wer hat wohl Federico García Lorca erschossen? Und warum? Lorca, último poeta del mundo? Ein Dichter stirbt nicht für die Politik; er stirbt sich selber zu: dem Lorbeer, Fleisch und Blut der Daphne, den Lorca um seiner Stummheit willen pries.

›Hotel de l'Agneau‹

175

Die Flügel der Maschine zittern und die rasenden Propeller stehen als Scheiben in der Luft. Und nun ist es ganz leicht, die Worte zu sprechen vom Fall der Labyrinthe, die die Zeit geschaffen hat, und von der Wüste, die bleibt:

> Los laberintos
> Que crea el tiempo
> Se desvanecen.
> (Solo queda
> El desierto.)

Und nichts schmerzt mehr außer dem Gedanken an das Zeisigpärchen, das in den letzten Wochen Tag für Tag an mein Fenster kam und zwischen den Hülsen der Sonnenblumenkerne winzige Reste pickte: das Männchen mit einer Kappe aus tiefschwarzem Sammet in Schilfgrün und lichtem Gelb, das Weibchen auf dem Rücken zauberhaft gemasert in Dunkelgrün und Schwarz, mit zartgelben Bändern auf den Flügeln. Sie werden noch ein paar Tage kommen und suchen und so wenig wie wir begreifen, warum die Welt sich wieder verändert hat, und dann vergessen und vergessen werden wie wir auch.

Baden-Baden, 17. Februar 1957
Wien, 29. Juli 1957

Neben J. Loesers brave, gediegene ›Geschichte der Stadt Baden‹ (1891), deren Preußengeist dem echten Badner nicht ganz behagt, tritt nun R. G. Haeblers Geschichte der Stadt. Der Verfasser hatte die Freundlichkeit, mich die Fahnen seines in moderner Perspektive geschriebenen kenntnisreichen Werkes lesen zu lassen. Ich verdanke ihm viele Einsichten und Anregungen und die Beschämung, lebenslang an Denkwürdigem vorübergegangen zu sein, ohne seiner zu achten.

Die Illustrationen sind Holzschnitte aus den Jahrgängen 1859-1865 der Zeitschriften ›Le Mercure de Bade‹ und ›L'Illustration de Bade‹ sowie aus der Kaiser Wilhelm-Biographie von Schmidt-Otto, Leipzig, 1878; das Porträt Lasalles ist ein zeitgenössischer Holzschnitt aus dem Bildarchiv Handke, Bad Berneck.

»*Es geht um das Glück der Abschiede*«
Nachwort von Pirmin A. Meier

Wenige deutsche Schriftsteller sind im ersten Jahrzehnt nach dem Ende des Zweiten Weltkrieges so hoch angesehen und zugleich so umstritten gewesen wie der 1903 in Baden-Baden geborene und 1958 in seiner Wahlheimat Freiburg im Breisgau verstorbene Reinhold Schneider. Nach Kriegsende mit Dankesbezeugungen und Ehrungen für seine Haltung während der Zeit des Dritten Reiches überschüttet, wurde er schon bald wegen seines unerbittlichen Festhaltens an der deutschen Schuld (»Schuld ... das Wort des Unheils und des Heils... Ein Volk ist verantwortlich für seine Geschichte und schuldig an ihr.« *Das Erbe im Feuer,* 1946) und der Konsequenz, die er daraus glaubte ziehen zu müssen (Forderung nach Verzicht auf die Wiederbewaffnung Deutschlands), ferner wegen seiner Kritik an einer sich dem Zeitgeist allzu opportunistisch anpassenden Kirche und der Publikation von Friedensaufrufen auch in Ostberliner Zeitschriften (1949 bis 1951) zu einer in etablierten nationalrestaurativen Kreisen mißliebigen, ja zum Teil geächteten Persönlichkeit. Absurde Gerüchte wurden durch die Presse verbreitet, wie zum Beispiel, Reinhold Schneider sei aus der katholischen Kirche ausgetreten und Kommunist geworden. Diese schrillen Töne, die freilich nach 1952 wieder verstummten, entsprangen einer in christlich-bürgerlichen Kreisen verbreiteten Enttäuschung darüber, daß Reinhold Schneider, nach eigenen Worten gekennzeichnet von »den vielen Paradoxien einer gleichzeitig konservativen und revolutionären Haltung«, sich nach dem Scheitern der utopischen Hoffnungen, die er auf das Jahr 1945 gesetzt hatte, nicht vor den Karren der Wiederherstellung der deutschen Republik spannen ließ. Er war, bei aller Hochachtung der Demokratie, zeit seines Lebens weder Republikaner noch Demokrat, und er wurde dies auch nicht in den zwölf Jahren der Diktatur, in denen er seine noch in den *Hohenzollern* (1933) bekannten Hoffnungen auf Wiederaufrichtung der Monarchie in Deutschland endgültig fahrenließ (»in Deutschland bin ich als Monarchist Gegner der Restauration«). Als »Christ vor einer zertrümmerten Welt« (K. W. Reddemann) vermochte Reinhold Schneider Deutschland und die westliche Welt nur noch in eschatologischer Perspektive zu sehen, als ein dem Abbruch überantwortetes Vaterhaus wie das alte Hotel Messmer in Baden-Baden, dessen Kaiserbalkon Zeuge einer Epoche war, deren Uhren endgültig abgelaufen sind. »Die westlichen Völker sind mir unheimlich nah wie die Schattenversammlung auf dem entschwebten Balkon. Die Synthese gelingt mir nicht... Es geht um das Glück der Abschiede – dieses unbegreifliche Leuchten und Dasein, dieses stehende Feuer europäischen Herbstes.« Dieses »Glück der Abschiede«, die für den späten Reinhold Schneider so charakteristische Heiterkeit in der Melancholie, wird erfahren im Bewußtsein, »daß der sich Beklagende fast immer unrecht hat«. Nostalgie erscheint unangebracht: »Geben wir es ruhig zu: das Vermächtnis war in schlechten Händen; es hätte würdiger enden können. ...Liebes altes Haus, keinen Protest, es ist ganz in der Ordnung, daß du abgerissen wirst.«

Die in den ersten Monaten des Jahres 1957 notierten und im darauffolgenden Sommer in Wien redigierten »Aufzeichnungen eines Müßiggängers in Baden-Baden« sind das drittletzte Buch Reinhold Schneiders und das letzte, dessen Erscheinen er noch erlebte. Es gehört zusammen mit der autobiographischen Studie *Verhüllter Tag* (1954) und den mit Recht überaus stark beachteten Wiener Notizbüchern *Winter in Wien* (1958) zum Spätwerk, in dem sich der Autor von den bisher gepflegten klassischen Formen Sonett, Novelle und historisches Drama endgültig lossagt zugunsten einer viele seiner Leser bestürzenden und zugleich faszinierenden direkten Konfrontation von Vergangenheit und Gegenwart, Geschichtlichem und Subjektivem, christlichem

Glauben und nihilistischem Existentialismus. Mit autobiographischen und tagebuchartigen Aufzeichnungen glaubt er sich vom »literarischen Leben« und den »Literatoren Deutschlands«, wie er sich im *Balkon* ironisch ausdrückt, »mit geziemender Höflichkeit zu verabschieden – auf dem Wege zur Existenz: vox et praeterea nihil«. Indessen war vielleicht gerade dieser vermeintliche Abschied aus der Literatur in Tat und Wahrheit sein Wiedereintritt: Wir glauben heute zu wissen, daß die (noch nicht aufgearbeitete) Literaturgeschichte der fünfziger Jahre ohne Einbezug des facettenreichen, anschauungsmächtigen und unheimlich zeitnahen Spätwerks von Reinhold Schneider kaum wird geschrieben werden können.

Indessen war Reinhold Schneiders Wendung zu einer mehr subjektiven Literaturform, wie er sie um 1930 in seinen portugiesischen und spanischen Tagebüchern mit hohem sprachlichen Können gepflegt hatte, in den fünfziger Jahren etwas für ihn keineswegs Selbstverständliches. Noch wenige Jahre vor dem Erscheinen von *Verhüllter Tag* hatte er sich als entschiedener Gegner alles Subjektiven in der Literatur bekannt: »Was verspricht man sich davon? Ein tieferes Verständnis? Sagt ein Autor die Wahrheit, so bedarf es keiner Psychologie, keiner Biographie, denn die Wahrheit kann nicht erklärt werden. Sagt er sie nicht, so ist ein jedes Wort zuviel, das über ihn geredet wird...« Von diesen apodiktischen Äußerungen her gesehen muß die Publikation von Büchern wie *Verhüllter Tag, Der Balkon* und *Winter in Wien* als überraschende Kehrtwendung empfunden werden, und es scheint angebracht, in gebotener Kürze den möglichen Hintergründen dieser Wendung nachzugehen.

Werk und Gestalt Reinhold Schneiders erfuhren im Verlauf der fünfziger Jahre in Deutschland und weit darüber hinaus Anerkennungen, die für ihn selbst mit der Zeit nicht weniger problematisch wurden als Verfemung und Verleumdung. »Während die einen ihn am liebsten exkommuniziert hätten, leisteten andere einer üppigen Legendenbil-

dung Vorschub und stilisierten ihn flugs zu einem Heiligen«
(H. J. Baden). Höhepunkte der öffentlichen Anerkennung
seines Lebens und Schaffens waren die Verleihung des Ordens »Pour le Mérite« (1952), der Friedenspreis des Deutschen Buchhandels (1956) und vor allem sein 50. Geburts-
tag (13. Mai 1953), bei welcher Gelegenheit er von
Glückwunsch- und Würdigungsadressen bedeutender Per-
sönlichkeiten aus Politik und Geistesleben (aber auch vieler
einfacher Menschen, die sich Reinhold Schneider zeitlebens
zu hohem Dank verpflichtet wußten) überschüttet wurde.
Zu diesem Anlaß erschien beim Verlag Jakob Hegner eine
repräsentative vierbändige Werkausgabe sowie die Monographie *Reinhold Schneider. Sein Weg und sein Werk* des
bedeutenden Schweizer Theologen und Literaturhistorikers
Hans Urs von Balthasar, worin dem Dichter in beweihräu-
chernder Diktion »höchster Rang mit weitestem Umfang«
bescheinigt wurde: »nur in den reinsten Sphären kann er atmen, aber Heilsein und Heiligkeit der Gipfel ist Bürgschaft
für das Heil der Tiefen; wer den Rang wahrt, hat auch die
Ränge bewahrt, wer von der Höhe kein Fußbreit preisgibt,
dem legt sich die Breite zu Füßen«. Das im einzelnen überaus ertragreiche Buch Balthasars, von Reinhold Schneider
höflich und dankbar-anerkennend eine »mir ungemein hilf-
reiche Interpretation« genannt, darf das Verdienst der Begründung der Reinhold-Schneider-Forschung für sich in
Anspruch nehmen. Auf der anderen Seite war diese Arbeit
für den von ihr behandelten Autor – worauf schon Bruno
Scherer hingewiesen hat – nicht unproblematisch. Balthasar
ging von der Fiktion eines »letztgültigen Werks« aus, also
von der bei einem Buch über einen lebenden Autor immer
sehr verfänglichen Hypothese, es sei dieser bereits am Ziel
seines Weges angelangt. Dazu kam die Tendenz, den Dichter recht unverblümt in eine bestimmte theologische An-
thropologie und Ekklesiologie einzugemeinden. Der Versuch des Schweizer Theologen, im Werk Reinhold
Schneiders ein »kostbares und unentbehrliches Zeugnis« zu

sehen, »das in den Schatz der heutigen Kirche gerettet und als tragender Stein in ihre Mauer eingefügt werden muß«, sowie seine Person als »Propheten« zu würdigen, der »weiß, daß er dazugehört«, konnte bei dem zeitlebens ausgeprägten Widerspruchsgeist Reinhold Schneiders (»Ich kann niemals tun, was erwartet wird. Ich tue, was ich muß. Ich weiß nicht, was ich morgen tun werde.« *Verhüllter Tag*) nicht unwidersprochen bleiben. Man kann sich des Eindrucks nicht leicht erwehren, Reinhold Schneider wende sich gegen Balthasar (oder zumindest auch gegen Balthasar), wenn er in der wenige Wochen nach dem Erscheinen der Monographie veröffentlichten autobiographischen Notiz *Lebensringe* festhält: »Die meisten Verständnisse sind Mißverständnisse, oder sie erfolgen dann, wenn der Auftrag längst weitergeführt hat. Alles kommt darauf an, daß der Strom sich wieder durch den Felsen wühlt; oder daß er, wenn der Felsen stärker ist als er, an ihm zerbricht.« (17. Mai 1953)

Diese Sätze, die schon ganz dem späten Reinhold Schneider angehören, scheinen deutlich zu machen, wie der Schriftsteller Reinhold Schneider, gerade in den Tagen seiner vielleicht größten öffentlichen Anerkennung und Wertschätzung, sich und sein Werk in fataler Weise mißverstanden fühlte. Der Gefahr, daß sein Schaffen und sein Einsatz gewissermaßen umsonst gewesen sein könnten, war sich Reinhold Schneider in keiner Phase seines Lebens so sehr bewußt wie in den Jahren 1953 bis 1958. Auf diesem Hintergrund ist sein Entschluß, den von ihm erlebten geschichtlichen Kosmos im Zusammenhang mit dem autobiographischen Ich darzustellen, was sein Schaffen noch einmal grundlegend umwandeln sollte, zu verstehen und zu würdigen. Die Rückbesinnung auf das »schwer tragbare Subjektive«, wie es im Vorwort zu *Verhüllter Tag* heißt, der Verweis auf »eine gewisse Erbschaft an Spaltung, Düsternis, ein Zug hinab, wenn nicht in den Orkus, so doch in das dunkle Reich solcher Last« hat indessen nicht die alleinige Funktion, eine allfällige Heiligsprechung des Dichters noch rechtzeitig zu verhindern, sondern wird wesentliches Medium zur dichterischen Historiographie des eigenen Zeitalters: »Es gibt keine Grenze zwischen Geschichtlichem und Subjektivem: eben das will ich belegen. Die Zeit ereignet sich in uns.« Und in *Winter in Wien* schreibt er von einer der Zeit parallellaufenden »Verschiebung im Innersten der Existenz«: »...der Zeit, die ganz und gar das persönliche Leben ist, Umkreis und Inhalt. Welche Torheit, über sie hinwegzustreben, statt immer tiefer in sie hinein! Auf jedem Schritt und Tritt also erfahren wir die Zeit, und gerade vor verlassenen Palästen, auf Schlachtfeldern, von denen der Ruhm Abschied nimmt, in Kirchen, die sich nicht mehr füllen; das heißt: im Geschichtsraum, dessen Torwart die Zeit ist... Des Menschen paradoxes Wesen ist: Partizipation an Geschichte, seine Aufgabe: mitspielender Zuschauer zu sein.« Mit dieser Betonung der inneren Zugehörigkeit zur Zeit als Existenz im Geschichtsraum wendet sich Reinhold Schneider gegen eine Deutung seines Werks und Auftrags als »überzeitlich«, allein dem Aspekt des »Ewigen« und »Bleibenden« verpflichtet. Er möchte, wie er im *Balkon* bekennt, »weiter gar nichts sein als eine Existenz in der Zeit: Perfer et obdura«. Dies schließt freilich den Widerspruch nicht aus, auch wenn er vergeblich sein könnte. Eine der bemerkenswertesten Maximen im *Balkon* wird in einem Selbstzitat formuliert: »Gerade kommt mir ein vor langen Jahren auf dem Dach von Sankt Peter geführtes Gespräch in den Sinn: Nein, Hochwürden, man soll nicht in jedem Falle mitgehen, nicht in Rom und nicht in Deutschland, gerade in Rom nicht, wenn auch die Anforderungen weitverzweigter Organisationen sehr respektabel sind. Die Zeit nämlich erwartet unseren Widerspruch. In wesentlichen Fragen ist sie ratlos, und wenn wir mit ihr gehen, so werden wir es auch.«

Das Nichtmitgehen mit der Zeit, von Reinhold Schneider ironisch metaphorisiert durch das »Schlößchen« Neuweier, das über die Anpassung an den Barock nicht hinausgekommen ist, will aber »ehrlich bezahlt werden, und wenn die Menschen nicht ein wenig Liebe für solche stille Würde haben, so ist es mit ihr aus«.

Unter den späten Werken Reinhold Schneiders ist *Der Balkon* das verhältnismäßig leichtgewichtigste und vielleicht liebenswerteste, »ein Buch des Abschieds« (Ingo Zimmermann) und zugleich der unpathetischen Heimkehr nach einer jahrzehntelangen Fahrt »auf Meeren, denen ich nicht standhielt«. Nicht zufällig erinnerte sich Reinhold Schneider in den zerfallenden Räumen des Hotels Messmer der ersten Anregungen seiner frühen Zeit, indem er sich »das Bild des geharnischten, lorbeergekrönten, einäugigen, leidgezeichneten Luis de Camões, der sozusagen zur Galionsfigur meiner fragwürdigen Lebensfahrt geworden ist«, vergegenwärtigt und seinem Ahnen Franz Anton Mesmer huldigt, über den er schon als Fünfundzwanzigjähriger, unter dem Namen Reinhold Schneider-Mesmer, einen bemerkenswerten Essay* geschrieben hat. Es bleibt aber nicht bei autobiographischen Reminiszenzen. In der für Reinhold Schneider typischen, Vergangenheit und Gegenwart auf das engste verschränkenden Betrachtungsweise wird der historische Genius loci der Bäderstadt von Kaiser Trajan bis in die Gegenwart mit einer oft der antiquarischen Historie gemäßen Liebe zum Detail beschworen, wobei freilich – bei aller liebevollen Ironie – die tragischen Züge nicht fehlen. Die Perspektive des Kaiserbalkons, die kritische Auseinandersetzung mit Bismarck und Lassalle, übersteigen das bloß Lokalhistorische bei weitem: die tägliche Lektüre der Weltpresse, die grüblerische Beschäftigung mit den Rätseln des Bios, die Reflexionen über Lorca und Unamuno, die Welt der Narren und der Ketzer und nicht zuletzt die tiefschürfenden Gedanken über Heilung und Krankheit lassen das faszinierende Kaleidoskop erstehen, das den *Balkon* zu ei-

---

* Franz Anton Mesmer, der magische Materialist. Erstmals publiziert in Maria van Look, Franz Anton Mesmer – Reinhold Schneider. Eckhard Becksmann Verlag, Freiburg 1969.

nem der gehaltvollsten Bücher Reinhold Schneiders macht. Es ist, wie Curt Hohoff treffend ausgeführt hat, »ein von humoristischen und ironischen Lichtern überspieltes Buch, das Schneider auf der Höhe schriftstellerischer Kunst zeigt, und es ist um so mehr zu bewundern, als die moralische Flagge nicht mehr vom Hauptmast flattert, sondern bescheiden am Heck ganz hinten – über den quirlenden tiefen Gewässern«.

Redaktionelle Notiz

Auf den Seiten 66–68 hat Reinhold Schneider den geschichtlichen Ereignissen offenbar etwas vorgegriffen.

S. 66 unten: Die Schlacht von Königgrätz hat erst 1866 stattgefunden.

S. 67 unten: Bismarck wurde erst 1862 Preußischer Ministerpräsident, bis dahin dem Königshaus noch nicht verbunden. Es ist zweifelhaft, ob er am 14. Juli 1861 auf dem Balkon gestanden ist.

S. 68 neuer Abschnitt: Um diese Zeit war Bismarck erst Preußischer Ministerpräsident, Kanzler wurde er erst unter dem Kaiser, also 1871.

Zu dieser Ausgabe

insel taschenbuch 2605: Der Text der vorliegenden Ausgabe folgt dem 1978 im Suhrkamp Verlag Frankfurt am Main erschienenen suhrkamp taschenbuch 455. Umschlagabbildung: Raoul Dufy. Die eleganten Damen in Epsom (Ausschnitt), 1939. © VG Bild-Kunst, Bonn 1999.

Inhalt

Kulturgeschichte
im insel taschenbuch